Welcome
to
Dementia
Cafe

ようこそ、認知症カフェへ

未来をつくる地域包括ケアのかたち

武地 一［著］

ミネルヴァ書房

はじめに

「ようこそ、私どものカフェにお越しくださりありがとうございます。空いているお好きなところにお座り下さい」。そんな言葉に誘われて、気軽な気持ちで本書の世界に入っていただければと存じます。

私たちがカフェをはじめたきっかけは、2012年2月に「京都式認知症ケアを考えるつどい」という場で、「2012京都文書」という8ページほどの短い文書を提示し、その中で「認知症の人が今よりももっと豊かな人生を生きることができるようになることで、認知症の疾病観は確実に変わっていく」と旗印を掲げたことでした。仲間や賛同してくれる人々と計画を練ったのち、2012年9月にオレンジカフェをオープンしましたが、直後から、このカフェの持つ意味を実感することになりました。

アルツハイマー型認知症の70代半ばの男性Fさんは、カフェの仲間との会話に興じるうちに「ここに集まっている人は病気のことが共通項でしょ。でも病気のことを話すばっかりじゃなくて、いろんなアホな話も、何でも話せるからいい。自分の弱い部分をみんなにわかってもらっているから、とても気楽になれる」と自分にとってのカフェの持つ意味をスタッフに話してくれました。そして、また別の機会には、「認知症になってよかった。認知症にならなければ、こんなふうに人々と出会って、話をする機会はなかったと思う」という声を聞かせてくれました。この言葉には腰を抜かしそうになるぐらい驚きました。病院で働いているだけでは絶対に聞くことができなかったでしょうし、Fさんも病院に通院している中だけではそのようなことは言わなかったでしょう。認知症になって、趣味のことで出かけること、飲み屋やショッピングに行くことなどの社会との接点が減る中で、このようなカフェの存在が力になったようです。

2015年1月に厚生労働省が策定した認知症施策推進総合戦略（新オレンジプラン）の中でも、「初期段階の認知症の人を単に支えられる側と考える」のではないこと、そして、「例えば認知症カフェで認知症の人を単にお客さんとして捉えるだけでなく、希望する人にはその運営に参画してもらい、このような中で認知症の人同士の繋がりを築いて、カフェを超えた地域の中での更なる活動へと繋げていけるような」取り組みを推進しようと提案されています。2016年9月には全国の認知症カフェの数も2253か所を数え、各地に提案されたような取り組みが展開されていることを見聞きします。

しかし一方で、「専門職を中心にカフェをはじめたが、他の仕事との兼ね合いもあり継続が難しい」「認知症サポーターの人などとともにカフェを支える市民ボランティアを育成したいがどのようなことを学んでもらったらよいかわからない」という声をたくさん聞いてきました。そのような声に応えたいと思って書いたのが本書です。まずは第1章で、認知症カフェがどのようなところか、そこで交わされる会話に耳を傾けてください。スタッフのきびきびとした動きも感じてください。Q&Aも交えて、カフェの基本的なことをお伝えしています。そして第2章で、カフェの秘密の隠し味ともいえるカフェスタッフの心得を知ってください。更に第3章には、各地の取り組み事例を寄稿いただいています。認知症カフェとして守るべきところは守り、しかし、カフェ運営者の独自の工夫や思い、地域の特性などに応じて、カフェとしての自由な展開が行われているさまは、きっと参考になるでしょう。最後の第4章では、認知症カフェを支える土台ともなる知識や社会的背景を見つめていただければと思います。

カフェというくつろぎをもたらす交流の場を通じて、認知症についての理解が深まり、地域の人々の結びつきが強まることで、「未来をつくる地域包括ケアのかたち」が見えてくることを願っています。

ようこそ、認知症カフェへ——未来をつくる地域包括ケアのかたち

目次

1

認知症カフェという時間と空間

頭がぼけてくるのも、そういう年齢が来た、当たり前、むしろ正常じゃないかと思うようになってきました。ぼけるのは仕方のないことですよ。100点を目指さずとも、当たり前のことができていたら、それでいいかと。ただ、1人では朝起きてから寝るまでなにもできません。役に立つこともないです。妻が私の舵を取り、軌道修正してくれるのです。だから安心です。前は「なんでそんなこと言われなあかんね」と思ったりしていましたが、妻だからこそ言ってくれるのです。妻は腹の立つこといろいろあると思いますよ、女性はすごいなって思っています。

以前に、なにかの本で読んだんですよ、「当たり前のことを当たり前にやれば、当たり前にできる」と。ええかっこしようとか思わないこと、肩の力抜いて、もうちょっと楽にならなあかんかなと思います。

この文章は、認知症カフェのスタッフに認知症の人が話した言葉です。カフェに来店した当初は、認知症症状により本人も妻もとても疲弊しておられました。カフェに通い2年近くが経過する中で、認知症自体は少しずつ進行しましたが、カフェスタッフとの語りや見守りを経て、妻は夫の認知症を徐々に受けとめていきました。アルツハイマー型認知症が中等度にさしかかっては来ていましたが、スタッフ一同、驚くような、本人の柔らかな言葉が聞こえてきました。

この章では、2015年度にオレンジカフェコモンズ（以下、コモンズカフェ）で行った現地研修

（OJT研修）受講者のレポートをもとに、カフェの姿を描きます。第2章の「学ぼう！　認知症カフェスタッフとしての心得」を通じて仲間やスタッフと運営した結果として、どのようなカフェが形成されたのか、読者の皆さんも、受講者の1人になって、カフェを訪れたような気持ちでお読み下さい。

研修には、京都府内でカフェを運営しようと考えている、あるいはカフェの運営を始めた自治体、地域包括支援センター、医療機関、介護事業所の専門職など37名が参加しています。この本の第2章に関連する内容などを事前資料として送り、『認知症カフェハンドブック（武地一著、クリエイツかもがわ、2015年）』も参照しておくように伝えて、研修日には朝から夕方までカフェに参加してもらいました。

この章の記載は、1つのカフェで起こったことというふうに捉えられるかもしれませんが、著者が、2つのカフェのマスター役として経験したこと、また、全国のカフェの様子を見聞きしたことなども織りこんで記載しています。認知症カフェは来店者の構成からすると大きく3つのカフェタイプに分かれるという議論があり、1つめは認知症の本人中心のカフェ、2つめが介護家族中心のカフェ、3つめが地域啓発を主とし、認知症の本人や家族を含むことも含まないこともある、地域の人が集まるカフェの3つです。それぞれのカフェは、いずれかに特化しているか、どれかとどれかの混合した形など、様々な組み合わせになっていますが、3つを組み合わせることは必ずしも簡単ではないという話もあります。第3章の実践報告なども通じて、その組み合わせの形や、組み合わせの課題はある程度イメージできるかと思います。コモンズカフェは認知症の人を中心とし、介護家族のためのカフェも兼ね備えるように考えて運営していました。認知症カフェの運営はそれを基本として、オレンジカフェ上京（以下、上京カフェ。詳しくは44頁）のように地域に開かれたカフェとするのが、運営者にとっても本来は1番理屈にかなっているのではないかと思います。中には、地域に開かれたカフェの運営を開始し、そこに来る本人や家族のために別のカフェを考える必要性に気がつく運営者もいます。コモンズカフェを通して描くことで、読者に、著者が基本と考えるカフェの世界をしっかり経験していただければと思って、この章を記載します。

これからの部分は大きく4つの内容に分けられています。まず、カフェ全体としてどのような時間が流れ、交流が行われる場所なのか、2番めに、認知症の人と家族がどのように過ごしているのか、3番めに、スタッフがどのように動いているのか、そして、最後に、現地を見たあとに、現地研修だけでは見えなかったカフェ開設や運営に関する質問事項という順で記載しています。

席に座って店内を眺めてみると

●カフェの雰囲気

・「カフェの空間の中で、それぞれの人が自分の居場所を持ち、人とつながり穏やかに過ごしている」

・「皆さんの明るさに驚かされました。各テーブルで笑い声がありました」

レポートからの2つの文章に表されるように、オレンジカフェは明るく穏やかな雰囲気がベースに流れており、笑い声があちこちから聞こえてきます。認知症の人が、生活を縮小し、家庭内に閉じこもりがちになって来る方向とは逆に、カフェに集まることによって、自分らしさを取り戻す喜びがわき出てくるのでしょうか。また、認知症の人の家族にとっても、日々生じる生活上の疑問や、家族が認知症になって生じる悩みを、立場を同じくする人々や、認知症についての理解を深めたスタッフ、専門職と話し合うことで、胸のつかえを解き放ち、前向きな気持ちになる場所でもあるのでしょう。それぞれが、カフェの中に自分の居場所を見つけていきます。また、スタッフも、空気の流れのように、それをサポートしています。

このようなカフェがどのようにして成り立っているのか、この章で徐々に見えてくるはずです。

●カフェの1日のスケジュール

・「時間ごとに区切ったメニューはなく、自由に過ごせる雰囲気がある」

・「その日の全体の雰囲気を見渡しながらカフェがコーディネートされている」

オレンジカフェには幾つかのパターンがあります。代表的なものはオランダでアルツハイマーカフェとしてはじまったもので、アルツハイマーカフェ形式と呼ぶことができます。月に1回開催されフリートークに続く30分間の認知症に関連したミニレクチャー、その次に音楽の生演奏などの時間、そして、ミニレクチャーに関連したカフェゲスト全体との対話、そして、フリーのカフェタイムが持たれます。もうひとつの代表的なパターンは、通常の街角にあるカフェと同じように、特に決められたスケジュールを持たずに、思い思いの時間に来店し、お茶を飲み、自由に会話を楽しむ形式です。週に1回、運営されているところもあれば、週に数回運営されているところ、あるいは、アルツハイマーカフェと同じように1か月に1回という場合もあるでしょう。

コモンズカフェは、2つめの形式であるため、時間ごとに区切ったメニューはありませんが、コーディネーターやスタッフが、そのときそのときの来客に合わせて、どのような座席や話題が適切か、ファシリテートしていきます。その日のスタッフの力量、店の混み具合や気候も考えて、近くの公園や名所旧跡、近隣で開催されている催しへの散策などを企画したりもします。カフェの中での会話からは出てこなかった別の視点での会話や交流が自然と生まれてくることもあります。

散策以外にも、認知症の人やその家族の得意なことが披露されることもあります。日常の会話に混じることが難しくなってきた若年性アルツハイマー型認知症の女性がカフェに何度か来られていましたが、カフェでの会話に混じることが難しく、所在なさげに過ごされるということが続いていました。その女性はもともと音楽大学出身で音楽教師の経験もある人でした。スタッフが、歌を歌うことに誘ってみると、とても生き生きとして、スタッフの音頭にあわせ次々と歌を歌われました。私もちょうど、別のテーブルに座っていましたが、カフェに広がる美しい歌声に思わず振り返りました。他の歓談も行われるカフェの中で、このような歌のセッションを設けることには、他の会話を遮ることになるのではないかなど、その後、スタッフの間で何度も議論になりましたが、その人や周囲の人の様子も見ながら考えようということになりました。

別の時期には、将棋の強いアルツハイマー型認知症の男性の存在にスタッフ全員が戦々恐々としていたことがありました。カフェに来るたびに対戦相手を求め、誰かが対戦することになります。趣味の範囲を超えた強さに、スタッフは参っていました。しかし、初心者の学生には将棋の打ち方を初歩から教えるなどということもありましたし、書道も上手で、スタッフとともに書道をすることで時間を過ごされることもありました。

歌や将棋、書道だけではなく、このように、その時々に生じてくるその人らしさの発露はカフェに変化をもたらします。会話が縦糸とすると、様々な横糸が色を変えて編み込まれるとでも表現できるかもしれません。カフェ全体としてコーディネートがなされ、自由な雰囲気を醸し出しつつ、認知症の人にとっても、その家族にとっても、そしてスタッフにとっても認知症とともに生きる旅路が見つけられる場所にしたいものです。

●カフェの仕組み

・「くつろげる状況を作り出すための環境や、心遣い、知識が用意されている」
・「家族間の交流の場や気持ちを共有する場面が自然にあり、家族間交流の仕掛けづくりも上手になされている」

カフェの仕組みについては、このあとでも記載していくことになりますが、ここまでのところにも記載したような「くつろげる状況」を作り出すために、スタッフは、様々な用意をします。まず、カフェの場所選びから、あつらえや空間、スタッフ配置などの環境に配慮します。そして、認知症という病気から生じる様々な心理的負担や認知機能障害がもたらす不自由さやつまづきへの心遣いをします。そのためには、認知症についての確かな知識を用意しておくことも大切です。認知症という病気は複雑な認知機能の障害をベースに、その人らしさが封印され、周囲の人との関係性に軋轢をもたらしますので、確かな知識をスタッフが学んでおくことが欠かせません。

第2章のオレンジカフェスタッフの心得のところでも書くことですが、市民ボランティアにとって、家族間の交流を促すことは、本人同士の交流を促すことよりも難しいことかもしれません。本人同士の交流を促す際には、近時記憶低下を主とする認知機能障害とどう接するかを学び、その他に、普通の友達関係と同様に、相手を尊重し、相手の興味や得意なことと自分の興味や得意なことをすりあわせていくこと、そして、相性が合わない場合や苦手である場合などは、そうでないスタッフと交代するなどの工夫をすると、よい関係が生まれます。もちろん、簡単でない場合もありますが、ある程度経験を重ねると、普通の交流と大きな差はないことを実感します。

一方で、家族の抱えている課題はかなり複雑です。認知症の状態によって異なりますが、本人の認知機能障害とそれがもたらす生活障害や、場合によっては物盗られ妄想などの精神症状と日々向き合いつつ、今の本人の姿とかつての本人の姿のギャップに悩みながら、本人ができなくなった役割を肩代わりすることや、決められなくなったことを代わりに情報収集し、意思決定していくことも求められます。家族は最初から介護者として養成されたわけではなく、本人の認知症の発症、経過とともに介護者としての役割を引き受けていきます。中には、最初から介護者の役割を放棄する家族もいますし、気がつかない家族もいます。そのように鬱積した家族の思いを受けとめ、本人の様子や家族の立場、性格、求める情報などがある程度似通った人同士の交流の機会を作ることもカフェの大切な機能です。それぞれの家族のニーズと雰囲気を察知し、コーディネートすることが大事です。

●カフェでの会話

・「家族とだけでもなく、本人とだけでもない、様々な会話の空間であることの大切さを感じた」

・「家族も支援者のひとりとしていろんな参加者とかかわっているので、『おしゃべり』が一方的な内容に偏らずに、いろいろと膨らんでいく」

会話の流れの中で、ときには、男子会と称して男性介護者同士、あるいは女子会と称して女性介護者同士が集まるようにします。性別に関係なくカフェのひとつのテーブルに集まる場合もあります。あるときは認知症の人、家族問わずに男性ばかりが集まって、会社勤めのときの話で盛り上がるときもあります。これも男子会のひとつの形です。男性同士が集まることで、認知症である妻の尿失禁や尿取りパッドのことを気兼ねなく相談できる場合もあります。女性は女性同士のほうが気楽に相談できることもあります。

カフェではスタッフが支援者、来店者が被支援者というように、支援する人、支援される人が一方向的に決まっているわけではありません。何度かカフェに足を運んで慣れてくると、認知症の人がスタッフの健康を気遣うこともありますし、認知症になった気持ちを他の家族に伝える場面も出てきます。ある娘さんは、母娘間では受け入れが難しかったことも、他の認知症の人からその気持ちを聞くことで一気に病気の受けとめが進んだといいます。家族同士でも、既に何年か介護者としての経験を積んだ家族から、最近になって介護の経験が始まった家族に助言する場合がよく見られます。

カフェでは、専門相談ができるように設定されている場合も多いですが、専門職からの助言よりも同じ立場の人同士の助言の方がすっと受け入れられる場合も少なくありません。「ついつい認知症の妻にきつく言ってしまう」という悩みも、同じ経験をしてきた家族の前で吐露されることで、深い共感をもって受けとめられるでしょうし、カフェという、本人と介護者が一緒に来ている場所では、「あなたの奥さんは、まだ軽い初期の段階だから、つい正論で返そうとしてしまうのですね」という返事も生まれます。その返事によって、悩みを打ち明けた介護者の中でも「そうなんです。つい今までの妻と比べてしまうんです」という自身の洞察につながります。会話という淡い時空の中で、自身の思いを言語化し、消化していくプロセスが重ねられていきます。

病院や相談場所という支援の枠組みが決まった場所ではなく、カフェという会話の方向が自由な空間であることで、認知症になったつらさや、日々の介護の悩みなども、趣味の話や昔の苦労話などと折り合わさって様々な音色を奏でます。

●カフェの意義

- 「認知症が受け入れられた環境で、リラックスして世間話や愚痴等を話すことで効果がある」
- 「介護保険や公的サービス以外のインフォーマルな社会資源の充実が、今後の認知症ケアに不可欠であることを再認識した」

・「カフェでは夫婦（本人と家族）のお互いへの気持ちをとても身近に感じることができました」
・「地域での居場所作り、社会参加やボランティア活動ができるような機会の大切さを感じた」
・「予防も大事だが正しく受け入れるかかわりももっと大事だと考えさせられた」

認知症に対する偏見はまだまだ大きなものがあります。認知症の人は、そのような偏見の中で、自身の認知症におびえ、ときには認知症であることを隠そうとともがいています。また、認知症の人自身が認知症への強い偏見を持っていることもあります。「認知症なんかになるものか」という気持ちと、「認知症になったのかもしれない」という自分自身の中での相反する想念にさいなまれるのです。カフェに来て、「認知症であっても自分らしく生きることが可能かもしれない」ということや、「自分と同じ認知症の仲間がいる」という発見があり、心強く思うようになります。そうすると、世間話を気軽にすることや生活の中での困りごとを愚痴として話すことも可能になるのです。

認知症の人やその家族の気軽な会話が飛び交う中で、病気のことなどを語ることができ、認知症の本人が自分らしさを発揮し、家族同士などでも自由に相談を行うことができる空間をまのあたりにして、「カフェが（認知症の）初期の空白期間を埋める」という話を聞くだけでは、イメージができなかった介護・福祉・行政の専門職も「介護保険や公的サービス以外のインフォーマルな社会資源の充実が、今後の認知症ケアに不可欠である」という認識を持つようになったのでしょう。支援者・被支援者・認知症の人・その家族・市民ボランティア・専門職ボランティアなどの自由な関係性や、行事、スケジュールの自由度など、カフェという枠組みが、認知症ケアという難題へのひとつの解答であるという気づきが生まれる瞬間でもあります。

カフェの場で行われるのは、本人支援だけでもなく、家族支援だけでもありません。また、カフェという場には、原則、本人と家族が一緒に来ることで、スタッフも家族同士のお互いへの気持ちを感じることができます。たとえば、夫婦2人で来店される認知症の夫は、家族である妻と離れて座ることに不安を感じる場合もあり、会話をしていても、常に別のテーブルに座る妻の様子が気になっていることもあります。自分の支援者がそばにいない不安もあるでしょうし、「自分のことを悪く言っているのではないか」という疑念を持っている場合もあるでしょう。しかし、そのような思いも理解したスタッフがいることで、徐々に不安は氷解し、本人は本人同士、家族は家族同士の会話を楽しむこともできます。ここから、カフェという同じ空間に本人と家族が同行することのメリットが生まれます。その間に入るコーディネーターやスタッフの配慮で、同じ場所にいながら、それぞれまったく別のニーズを相談することにもつながっていきます。

この本人と家族、それぞれに別の方向を持ったニーズをカフェという空間で包み込んでいくためには、コーディネーターをはじめとするカフェ運営者のカフェへの認識と意思が重要です。この点は、認知症カフェの必須要件として明文化することは難しいですが、認知症カフェを認知症カフェとして成り立たせている最も大きな要件とも言えます。カフェによっては、認知症の人でも家族でもない地域の住民がカフェの来店者となることもありますが、認知症の人と家族の強固ではあるものの、一方でとても淡いニーズを満たすためには、この運営者の認識と意思が欠かせません。明文化された施設基準ではなく、「運営者の認識と意思」がカフェを形作るのですから、運営者が他の運営者と認識や意思を共有することも大切です。最近では、認知症カフェ連絡会のような形で、そのような場が設けられることが増えてきています。

本人支援と家族支援ということをあらためて考えると、日本の介護保険サービスでは、デイサービスなどで支援者と被支援者として介護スタッフからの本人支援が行われる一方、介護者への支援は欠落しているか、家族会などの形で、家族への支援だけが別途に行われる場合が少なくありませんでした。特に認知症の初期段階の、見た目だけでは何が起こりつつあるのか意識しにくい状態のときから、カフェという場で本人と家族のそれぞれ異なるニーズを共有していくことが大切です。

カフェの活動を通じて、認知症の人が豊かに生きる姿をまのあたりにすることで「予防も大事だが正しく受け入れるかかわりももっと大事だと考えさせられた」という言葉が出てくるのです。

認知症の人や家族のカフェでの過ごしかた

●認知症の人の様子

・「困った自分より楽しむ自分が前に出ている状況になる」
・「皆で寄り集うことによって生活上の不安や人間関係の不安などの孤独感から解放される」
・「自分をさらけ出すことができる場であると思います。『すぐに僕は忘れるんや。認知症やで。認知症は便利な病気ですわ』という話も本人から聞きました」
・「ある程度対象者を絞り、初期の認知症の方が自分の居場所と感じられるような場所が必要だと感じました」

認知症カフェに来店した認知症の人たちがどのように過ごしているか、これからカフェを運営していこうとしている人々の目に映った姿を通して見ていきましょう。

まず、認知症カフェで過ごしている認知症の人たちの姿は、「困った自分」ではなく、「楽しむ自分」が前に出ている状況になる、という見えかたがあったようです。病識や自覚がないと言われることもある認知症という病気ですが、実際には家に閉じこもりがちになり、認知症になったということに本人自身が立ちすくむ場合があるということもわかってきています。また、認知症の早期診断が行われるようになり、自分で認知症に気がつくことも増えてきています。しかし、早期診断・早期絶望といわれることもあるように、早期診断を受けたあとの悩みやよりよく生きるすべを教えてくれる場所が少ないのが現実です。そのようなときに気軽に相談したり、仲間同士で手を携えて生きていく場所があれば、「楽しむ自分」が見えてくるのです。仲間がいることで、「生活上の不安や人間関係の不安などの孤独感から解放される」のでしょう。早期診断後の早期絶望から解放してくれる場所がカフェなのです。

カフェにいると認知症の人たちが堂々としているのを感じます。認知症を持って生きていることに対して、言いかたは悪いかもしれませんが、「開き直っている」とも言えるかもしれません。カフェでのヒヤリハットに、「元の場所に座って下さい！」というものがあります。皆で散策に出かけた後、スタッフが、認知症の人に「元の場所に座って下さい」と言ったのを、コーディネーターが察知して、それはそのスタッフの配慮不足だと思ったということです。少し前の記憶が弱くなっている認知症の人に「元の場所」という提示は望ましくありません。しかしこのとき、私が驚いたのは、そういわれた認知症の人が、堂々と「元の場所がわかりません」と返事をしたことです。カフェの場でなければ、認知症の人は元の場所がわからない自分にうろたえたのではないかと思います。「記憶を手繰ることのできない情けない自分」は、堂々とするわけにはいきません。しかし、カフェの場では、認知症である自分をありのままに出してよいと感じることができているので、記憶が弱くなっている自分に対して、「元の場所に！」と言ったスタッフに、「わかりません」と言う余裕があるということなのです。カフェは認知症の人が「自分をさらけ出すことができる場」であり、認知症になっても堂々と自分自身を生きることができることを再認識する場所なのです。「すぐに僕は忘れるんや。認知症やで。認知症は便利な病気ですわ」という言葉には、近時記憶低下による不安や自嘲を吹き飛ばし、忘れることとともに生きていこうという、諦めと前向きさが交じったような明るさが読み取れます。

しかし、もうひとつのコメントにある、「ある程度対象者を絞り、初期の認知症の方が自分の居場所と感じられるような場所が必要だと感じました」という洞察も大事な観察です。認知症の人にとって孤独から解放されるには、認知症である自分を受けとめてくれる心理的に安心できる空間が必要なのです。目下のところ、多くの認知症カフェが、「地域の人であればどなたでも」と声掛けを行います。一般的な地域では、認知症という病気に対して、まだまだ偏見が多く、理解が不十分な場合が少なくありません。「認知症にだけはなりたくない」という言葉が飛び交うことが多いのが現実です。そのような空間では、認知症の人が「ここが自分の居場所」と感じることはできません。そのため、「ある程度対象者を絞る」ことが必要だという洞察が生まれたのです。しかし、そう単純なものでもないのです。ここは認知症カフェ運営上の非常に大事なポイントですので、本書全体を通じて学んでいただけたらと思います。

●認知症の人の家族の様子

・「家族が認知症と診断されてからは心が晴れず、ずしっとしたものがあると言われていた」
・「本人が楽しければよいだけではなく、介護されているご家族のケアと、ご家族からの情報の共有がとても大事である」

認知症カフェは、認知症の人とともに、認知症の人の家族にとっても大事な場所です。自然と連れ添ってカフェに来られる場合もありますし、こちらから「できる限り一緒に来て、一緒にカフェを楽しんで下さいね」という場合もあります。反対に、カフェに来るときだけ一緒に来て、家族は「また、迎えに来ます」と言って立ち去ろうとされる場合もあります。そのようなときは、こちらから「それは控えて下さい」と伝えます。『認知症カフェハンドブック（前掲）』に掲載したイギリスのメモリーカフェの手引きにも、「カフェは本人を預ける場所ではありません」と記載されてあります。

これまでの日本の介護保険のデイサービスは、要介護の本人のみが過ごす場所で、家族は本人を預けることでレスパイトあるいは休息時間を持つという点では、家族にも間接的な働きかけがありました。しかし、第2章、第4章でも記載しますが、家族には家族としてカフェで過ごす様々な意味があります。

カフェに来ている家族と接することで、スタッフも、そして研修者も、「家族が認知症と診断されてからは心が晴れず、ずしっとしたものがある」という家族の心の中に沈殿したものを共有します。それを受けとめることで、スタッフは、認知症という病気がもたらすものに思いを巡らせますし、家族は、沈殿した思いを口に出すことで、少し重荷を下ろします。カフェのスタッフは、前もって、このような沈殿があることを知っておき、そのようなときにどのように耳を傾けるか学んでおくことで、少しでもよい受け皿となることができます。

「本人が楽しければよいだけではなく、介護されているご家族のケアとご家族からの情報の共有がとても大事である」という研修者の言葉からは、「本人が楽しければよい」ということだけでなく、「家族から話を聞くことの大切さ」を感じたことがわかります。カフェの運営者やスタッフは、両方が大事であることを最初から学んでおくことが求められます。この点は、第2章の「学ぼう！認知症カフェスタッフとしての心得」のところで、両方のことを記載していることからもわかるでしょうし、実際、私たちのカフェでそれが両立されていることから、研修者は、それを感じ取ったと言えます。「認知症は2人の患者をつくる」という言葉もあります。認知症になった本人とその家族（主たる支援者）の2人です。本人と家族、双方への目配りを忘れないで下さい。『認知症の人を愛すること――曖昧な喪失と悲しみに立ち向かうために（ボーリン・ボス著、和田秀樹他訳、誠信書房、２０１４年）』なども参考にして下さい。

●認知症の人の家族同士での交流

・「初参加の人にベテラン家族がアドバイスや体験談を話す場面などがあり、介護当事者の深い交流ができていました」
・「介護する家族が専門職とではなく、介護者同士で会話することがとても重要と感じた」
・「介護者同士で悩みごとを相談しあっておられたとき、専門職との話し合いの中ではなかなか出ないような本音が話し合われていた」
・「介護者の奥さま同志が『薬、どんなん飲んでる？』と相談しあったり、男性介護者の男子会で女性の失禁用パットのお話をされるなど、ここでしかできないことだと思いました」
・「散策などを取り入れ、家族同士が話せる雰囲気づくりを自然に行っている」

カフェで認知症の人の家族同士が話すことはとても大事なことです。観察にあるように、ベテラン家族が介護という道を歩み始めたばかりの家族にアドバイスを通じて交流を深めていくことはよく見られます。初心者同士での交流もあれば、ベテラン同士の交流もあります。週１回のカフェが待ち遠しいぐらいに話題は尽きません。

専門職から情報を得ることも大事なことですが、生活上、いろんな局面であらわれる判断に迷う点などの相談は家族同士のほうがずっと実質的な情報交換ができます。それと、もっと大事なことは、専門職よりも経験者同士のほうが、「わかるわかる」という共感が得られ、話しているほうも聞いているほうも、自分だけの悩みから、共有された悩みへの昇華が励みになります。

家族同士の話し合いは多岐にわたります。専門職からのアドバイスではなく、同じ立場同士のほうが、薬などのことを聞くにも遠慮がありません。男性介護者が認知症である妻の尿失禁の話をするなど、同じ立場だからこそ、思い切って聞けることがあります。

このような家族同士の深刻な話もカフェという設定が和らげてくれるようです。また、スタッフ向けに目に見えるように書いてあるわけでも、指示がその場その場であるわけでもありませんが、家族同士がどのような話をするのが適当なのか、そして、家族同士で話をしているときに、変な民間療法の話などにずれていっていないかなど、スタッフがさりげない見守りを行っています。テーブルを囲んでではなく、散策に出かけたときに、言葉が湧いてくることもあります。ここから、新たな交流や視点が生まれることもあります。

●認知症の人と家族が一緒に参加すること

・「家族、本人とが別々のスタッフについていても互いの存在を確認できる距離感が安心につながっている」
・「本人もありのままにくつろげ、そんな本人の姿も垣間みることができる場所があることは、大切だと思った」
・「利用者、ご家族ともに『カフェを訪ねる、自主的に参加する』姿勢で来店している」

本人も家族も参加しているので、当然のことながら、一緒の空間にいることになります。しかし、カフェに対する本人のニーズと家族のニーズは多くの場合、かけ離れています。認知症の人の家族によくあることですが、本人のできない点を矢継ぎばやに、あるいは鬱積していた思いを吐き出すように話をされる場合があります。本人は、もの忘れはするものの、その場その場での理解はできます。そのため、そのような家族の言葉に傷つく場合も少なくありません。とはいえ、家族には、鬱積していた思いと、負担を言葉にして、何度でも外に出すことは、受け入れに至る過程で必要なプロセスです。家では毎日、そのような緊張関係の中で過ごしておられるでしょうが、本人にとって家族は頼みの綱でもあります。スタッフはタイミングを見て、本人と家族を別々のところに招き、それぞれのニーズにあった話や行事への参加を促します。しかし本人は、カフェに来て、家族が自分のことをどのように話しているのか、頼りにしている家族は誰と話しているのか、気になってしまいます。そのようなことがベースにあるので、違う会話の輪に入っていても、同じ空間で時間を過ごし、ときには同じ会話に戻るというようなカフェの場はとても意義深いものとなり安心感にもつながるのです。

本人にとって家族の存在が大事であることと同じように、家族にとってもカフェで見えてくる本人の姿は貴重です。ふだんは、家庭の中で煮詰まった関係にあり、膠着状態になっているけれども、カフェに来て、本人が本来の姿に戻るのをサポートしてくれるスタッフや仲間とともにいることでありのままにくつろぐさまを見て、家族は、家で見る本人の姿とは異なるもともとの姿を発見し、安堵します。また、そのような姿に戻れることを再確認し、家族自身が本人らしさの表出を阻んでしまっていたのかもしれないとも気がつきます。ただし、それに気がついたところで、家族の負担感が重いままでは、本来の姿に戻ることのできる環境を家族みずからが作り出すことには踏み出せません。本人が豊かに生きる姿を取り戻すと同時に、家族も、ともに歩む力を得ることが必要なのです。

そのようにして、本人らしさ、家族らしさを再発見し、認知症とともに歩みを進める中で、本人、家族ともに、カフェは「また行きたい場所」になるのでしょう。

カフェでのスタッフの姿とチームワーク

●スタッフの構成

・「専門職が少なく、ほとんど地域や学生のボランティアで成り立っている」
・「スタッフの人数が多く充実している」
・「学生を含む多くの年代の人が集まることで活力があり、いろいろな視点からものごとを見ることができている」

認知症カフェが日本で普及し始めたのは2012年6月にオレンジプランのもとになる文書が出されたときです。本格的に開設されるようになったのは、2015年1月の新オレンジプランが発表され、2018年度には各市町村に1か所は開設するということが掲げられてからですから、まだ日が浅いということになります。即戦力になるのは、認知症の医療や介護の専門職だからということもあって、専門職中心の開設が多く見られます。専門職の中には自治体からの要請や委託によって義務的にかかわりをはじめたという人も少なくないでしょうが、日頃の業務の中で必要性を感じていたことや、カフェを運営するという興味でかかわりはじめた人も少なくはないようです。

そこが、カフェという言葉の持つ不思議な魅力でもあるのでしょう。

新オレンジプランの2つめの柱である「認知症の容態に応じた適時・適切な医療・介護等の提供」という項目の中には、認知症グループホームの役割として「認知症ケアの拠点として、その機能を地域に展開し、共用型認知症対応型通所介護や認知症カフェ等の事業を積極的に行っていくことが期待されている」という形で、認知症カフェへの参画を促しています。また、新オレンジプランの4つめの柱である「認知症の人の介護者への支援」の中では、認知症カフェの設置目標のところで「すべての市町村に配置される認知症地域支援推進員等の企画により地域の実情に応じ実施」と記載されており、認知症地域支援推進員等がカフェ推進の役割を担うことも記載されています。これら2つのことは、認知症ケアにかかわる専門職等が認知症カフェの開設に中心的な役割を担うことが期待されているということもできます。このような経緯で、前述した即戦力ということも含めて、ケアの専門職がカフェスタッフとして多数を占めるという状況にあるのです。この点については、著者らが2012年2月に示した「2012京都文書」の中でも「ケアの前倒し」、すなわち、要介護3以上などの時期になって認知症の人と出会うのではなく、早い段階で認知症の人と出会うことの大切さを唱えていたことにも通じており、実際に、カフェにスタッフとして参加した介護専門職からは、カフェに来ているような早期の認知症の人とこれまで会うことがなく、認知症ケアにとってとても大事なことだと感じたという意見をよく聞きます。

前置きとして長くなりましたが、以上の点は、認知症カフェスタッフの現状と今後を考える上でとても大切なことなのです。ここまでの記載で、認知症ケアの専門職がカフェ運営に携わることの大切さも読み取れたかと思いますが、大きな課題として、経費やマンパワーのことが出てきます。専門職がスタッフとしてかかわるときに、完全なボランティアとしてかかわることも少なくありませんが、多くの場合は、自治体からの委託なども含め、人件費を計上する必要性が生じます。新オレンジプランに記載されているように自治体などで雇用もしくは委託されている認知症地域支援推進員等が中核になる場合もあるでしょうが、それだけではカフェスタッフとしてのマンパワーが限られます。そう考えたとき、新オレンジプラン（概要）の中に、もうひとつ大事なヒントが記載されています。それは、ひとつ目の柱「認知症への理解を深めるための普及・啓発の推進」の中に記載されている「認知症サポーターを量的に養成するだけでなく、活動の任意性を維持しながら、認知症サポーターが様々な場面で活躍してもらうことに重点を置く」という文章です。日本ではじまり、海外からも注目されている認知症サポーターという仕組みですが、せっかく養成されたのに、活動の場所がないという声が従来からありました。また、サポーター講座を受けただけでは、認知症の人と接する力がつかないということも言われていました。そのようなギャップを埋めるという点でも、認知症サポーターが、学びを深めつつ、カフェなどで実際に認知症の人と接して、役割を果たしていくということは意義深いことなのです。

ここで本項の「スタッフの構成」という点に戻ります。2012年4月にコモンズカフェを計画したとき、著者がちょうど認知症サポーターのアドバンス講座の講師をしていたことと新オレンジプランのところで記載したような問題意識も持っていたことから、そこに参加していた認知症サポーターに、カフェスタッフとして力を貸してほしいということを提案しました。また、福祉系の学科の講義も担当していたことから、その学生たちにも声をかけました。それから、このOJT研修を行った2015年度まで3年近くの積み重ねがありましたが、OJT研修レポートで受講者らが、「専門職が少なく、ほとんど地域や学生のボランティアで成り立っている」「スタッフの人数が多く充実している」「学生を含む多くの年代の人が集まることで活力があり、いろいろな視点から見ることができている」とカフェスタッフの様子を見て取ってくれたことは、今後、地域包括ケアとしての認知症カフェが広がっていく中で、意義深いことと感じています。先にも書いたように、専門職スタッフだけでは地域包括ケアを成り立たせていくことは経済的にもマンパワー的にも困難ですが、一方で、認知症という病気に向き合っていく難しさを考えたとき、市民や学生ボランティアだけで運営していくことも無理があります。しかし、専門職とともに時間をかけて学んだ市民や学生ボランティアが育つことで、スタッフの大部分を市民・学生ボランティアが担うことは可能ですし、スタッフの数の充実につながったり、様々な年代の人が集まることによって生まれる活気も出てきます。

●ボランティアスタッフの可能性

・「市民・学生ボランティアも力量を高めればカフェスタッフとして機能することがわかった」
・「ボランティア一人ひとりの質が高く、またそれぞれの得意分野が十二分に活かせていた」

スタッフの構成の項とも重なりますが、市民・学生ボランティアの可能性についてもう少し言及しておきます。研修受講者の「市民・学生ボランティアも力量を高めればカフェスタッフとして機能することがわかった」という記載は、研修に来ていた専門職にとって、目から鱗であったことがうかがえます。裏を返せば「市民・学生ボランティアではカフェスタッフとして機能しないのではないか」という意識があっただろうということです。そう思っていたが、実際には問題なく機能することをまのあたりにしたわけです。「ボランティア一人ひとりの質が高く、またそれぞれの得意分野が十二分に活かせていた」という記載もそれを更に裏付けています。市民ボランティアと一括りにするとボランティアスタッフ一人ひとりの経歴や得意なことが隠れてしまいますが、ボランティア一人ひとりは、民生児童委員であったり、教師であったり、放射線技師であったり、地域の運動教室の指導員であったりするわけです。その他にも、公務員・中小企業診断士・認知症の親を介護した経験者などがおられます。認知症カフェを運営したり、スタッフとして認知症の人や家族が本来持つ力を引き出していく中で、それぞれのボランティアスタッフが、認知症ケアの専門職以外の経歴を持っていることから出る力はとても貴重なものですし、それだからこそ、認知症カフェ自体の機能が果たせるということにも通じるのです。つまり、「市民・学生ボランティアも力量を高めれば活躍することができる」というだけでなく、市民・学生ボランティアが加わらなければ生まれてこなかったカフェの機能が生まれているということです。

●ボランティアスタッフとカフェ運営

- 「研修を積み重ねたスタッフの『責任と誇り』が感じられた」
- 「ボランティアが指示を受けながら行動する、という形ではなく、全員がスタッフという意識を持って機能的な役割を果たしている」

もう少し認知症カフェへのボランティアのかかわりについてのレポート記載を手掛かりに説明を続けます。認知症カフェのボランティアということには限定されないことですが、ボランティア活動というのは、活動する個々のボランティアにとって、それを継続する動機と理念が大切です。その活動の結果として、「責任と誇りが感じられる」様子は、活動の場として有意義な場であることを示しています。ボランティアスタッフの動きとして、「ボランティアが指示を受けながら行動する、という形ではなく、全員がスタッフという意識を持って機能的に役割を果たしている」ように見えるということは以下の項にも書くように、多くの議論やスタッフ同士の関係づくりの成果とも言えますが、ここでは、「指示を受けながら」という点について、カフェ運営上、大事な点がありますので、言及しておきます。

本来、ボランティアというのは、「自主的に活動する」ということであり、運営者に指示されるという労使の関係にはないということがあります。しかし、カフェスタッフとしてチーム内で役割を担う中では、一定の役割分担があり、指示というほどのものではないにしろ、期待される動きというものがあります。認知症カフェという場では、そこに来店する認知症の人や家族、ボランティアなどの様々な思いが交錯し、その場その場で誰と誰が交流するのが適当か、常に流れがあります。そのような中では機微をくみ取り、臨機応変に動くことが望まれ、指示に従うという形では追いつかないということもあります。これは自主的に活動する、指示を受けて活動するという2つを超えた動きが必要ということで、地域住民主体の地域包括ケアを達成していく上で大事なことだろうと思います。

もう1点、自主的にということと関連して、認知症カフェのボランティアということについて、述べておきます。前の項とも関係しますが、市民ボランティアの人々にカフェボランティアを担ってもらうことについて、専門職からは懸念する声も聞かれます。認知症カフェ特有の課題ということにもなりますが、ボランティアの人の「何か自分ができることをしてあげないといけない」という思いの強さが、カフェに来店する認知症の人の「自分たちも自分たちでできることは行い、社会の中で果たせる役割を果たしたい」という思いを封じてしまうことになりかねないということです。ただし、この懸念については、それによってボランティアの人のカフェスタッフとしての参加を妨げるものではありません。認知症カフェボランティアとしての立ち位置を学習することによって達成できることです。

●スタッフのかかわりかた

・「スタッフのファシリテートで本人同士の会話、介護者同士の会話が積極的に行われていた」
・「認知症の状態とその人の関心、カフェに求めていることを理解したかかわりが行われていた」
・「本人・家族と交互にコミュニケーションを図りながら、それぞれの状態把握を行うことができている」

カフェの場は認知症の人と家族、スタッフの三者で動いていきます。そのとき、スタッフはファシリテーターとして様々な役割を担います。本人のニーズ、家族のニーズ、本人と家族の関係などに対して、スタッフができることを考えながら、本人らしさが発揮されるように、また家族の相談事や負担な気持ちを上手に出してもらえるようかかわっていきます。ファシリテーターとは教育的な研修の場などで、研修を受ける人の議論を方向づけ、促していく役割を担う、触媒作用（あいだを取り持つ働き）を果たす人のことを言いますが、認知症カフェに来店する人々は仲間を強く求め、自分の中にもやもやとしている思いを吐き出し、交流することを望んでいますので、適切にファシリテーターがかかわることで、カフェでの会話は進んでいきます。この章の最初にも書いたように、その結果として悩みがありながらも、明るさのあるカフェとなることでしょう。

しかし、どこにどう働きかけるかには洞察や配慮が必要です。認知症の人同士の場合、どのような病気の時期で、記憶の保たれ具合はどうか、年齢や身体的な活動度、合併症の有無などの医療的なこと、仕事や家庭でのこと、性格、趣味、生活環境、家族構成などが、話をうまく合わせ、その人らしさを引き出してくるのに大切な要素でしょうし、家族同士の場合は、本人との続柄（配偶者か親子かなど）や、家族が認知症であることへのケアに携わってどのぐらいの時間が経過し、そのあいだにどのように病気との付き合いを学んだりした経過があるかなど、様々なことが交流を行っていく上で大切でしょう。難しく考えすぎる必要はありませんが、誰にでもすぐできるというものでもありません。認知症に関する様々な理解を深め、配慮を忘れないという心がけを大切にしていただきたいと思います。スタッフのかかわりかたとして、スタッフはカフェに認知症の人と家族が一緒に来ている意義と、本人と家族が異なるニーズを抱えてきていることを学んでいますので、両方への配慮をバランスよく行うようにしています。

たとえば以下のような場面もありました。Cさんは、70歳代前半のアルツハイマー型認知症の男性です。妻と二人暮らしですが、Cさんのもの忘れによる話の繰り返しや、趣味に出かけることも減って1日中家にいることに妻は強い負担を感じています。何度も何度も繰り返される話に、心底疲れ切り、妻がちょっと買い物に出かけても、帰ってくると、「買い物に行ってくる」と言ったことを忘れていて、「どこに行っていたんだ?」と問いただすので、それにも負担を感じています。妻自身も膝関節の痛みがあり、病院通いもしていますが、そのときも買い物のときと同じように出先について問いただしたりするため、介護保険サービスを使って、夫にデイサービスに行ってもらうことも考えています。しかし、一度、デイサービスのことを持ちかけたとき、「なんの不自由もないのに、なぜデイサービスなんだ」とひどく怒られたこともあり、八方塞がりのようにも感じています。

Cさんの妻の話は30分以上も続きました。スタッフはその間、傾聴の必要性や自身の体験を語ること、そのようなときにどのように介護保険サービスを本人に勧める方法があるのかなどの情報提供を行うかなどを考えながら、今は傾聴の時期と考えて、傾聴を中心に対話をしていました。その間も、別のテーブルで、別のスタッフも交えながら別の認知症の男性と話し、妻とスタッフが話をしているほうを気にして見つめているCさんのことを感じていました。妻との話が一段落したあと、スタッフはCさんのそばに寄り、スタッフ：奥様も膝の痛みなどがあって病院通いをされているそうですね。
Cさん　：そのようですね。私は膝のほうは大丈夫ですが、頭のほうがね……。

などと話がはじまります。このあとも会話のキャッチボールは進んでいくのですが、妻の心情も踏まえつつ、認知症による認知機能障害によって、本人自身もなにかがうまくいっていない不安を持っており、妻とスタッフの会話を心配そうに見ていた気持ちに寄り添います。ここで示したスタッフとCさんの会話は短いものですが、このような短い会話にも、認知症という病気の特徴と、本人や家族への配慮の中で重要なポイントが隠されています。

Cさんの「そのようですね」という返事には、妻の通院を十分には覚えていないのだけれど、スタッフの会話に合わせている様子が見られます（本人の記憶の程度にもより異なりますが）。このようにその場その場で話を合わせることを、「取り繕い」（本人の立場からするとあまりよい言葉ではありませんが）という場合もあります。次の、「私は膝のほうは大丈夫ですが」という短い言葉には、「私は、膝は大丈夫」、つまり妻の健康への配慮ができない様子が見られます。認知症の人は他者のことを気にかけるのは病気の特性上苦手で、妻が通院しているという記憶もあいまいなことと重なって、「私は、膝は大丈夫」という言いかたになったりします。このことが、妻にとっては、自分の状況を把握してもらえないという思いに発展し、情けない気持ちになる要因になります。しかし、

Cさんは、そのあと、「頭のほうがね」という言葉に乗せて、自分自身の最も懸念していることを、自虐的にユーモアを多少こめつつかもしれませんが、話されました。スタッフは、認知症ということの理解のもと、Cさんの気持ちや言葉、そして、妻の気持ちや言葉、そしてお互いの気持ちというものを感じて、会話やカフェという場での居心地のよさをプロデュースしていくことになります。認知症という病気とそれが当事者や周囲の人々の暮らしや心にどのような波紋を描くかを学んでいると、短歌を読み解くように、短い会話や言葉から多くの意味を察することができるようになります。100歳になっても俳句や短歌の勉強を続けながら、自分でも作っておられる人もいます。それと同じように、学びを繰り返し、深めていくことで、市民・学生ボランティアも立派なカフェスタッフになるのでしょう。

●スタッフ同士の協力、連携、情報共有

- 「臨機応変にスタッフが協力し合い、その場その場に応じた対応ができている」
- 「スタッフがお互い意見を出し合うことを大切にしながら、運営されている」
- 「議論が積み重ねられるようなスタッフ同士の人間関係作りができている」
- 「情報共有が深く、きちんとスタッフ全員がそれぞれの本人、家族について留意点や情報を把握している」

・「スタッフ同士お互いに認め合い、励ましあい、共通の思いで活動しており、スタッフの気持ちがひとつになっている」
・「かかわりの中で個々の特徴や気づきをまとめ次へとつなげる一連の流れがよくわかりました」

カフェのスタッフの数は、カフェにより様々なことだと思われますが、さしあたり10～20人ぐらいのカフェ来店者に対して、スタッフが5～10人ぐらいというところが多いのではないかと思います。この割合はスタッフの熟練度にもよりますし、スタッフの勉強のためにスタッフ数を少し割増して参加してもらっている場合もあるでしょう。逆に、スタッフ数が足りなくて、少ない人数で運営しているところもあるでしょう。日本で認知症カフェが広がり始めてまだ日が浅いので、どの形がベストということは言えないところがありますが、おおよそ、そのような状況だろうと思います。認知症カフェでの会話は、スタッフと認知症の人、スタッフと家族、認知症の人同士とスタッフ、家族同士とスタッフというようにスタッフが入る場面は多いので、少なくとも、普通の喫茶店に比べ多くのスタッフが必要です。

このように多くのスタッフが認知症カフェに入ることになりますが、先の項でも記載したように、認知症の人とその家族の両方の気持ちを知りつつ、それぞれによい形での交流を行うのが望ましいので、スタッフ同士も臨機応変に動くことが必要です。その時々の会話の流れの中で、スタッフが交代することが求められる場合もあります。カフェタイムという会話を中心に過ごす時間の長さによってもここは変わってくるでしょうし、来店者の構成によっても異なるであろうと思います。来店に際して予約を取らず、自由に来店してもよい場合や、出入りも自由なカフェでは当然のことながら臨機応変さは求められますが、前もっての予約を前提としているカフェでも、スタッフに臨機応変さが求められます。スタッフも１００％望ましい動きができるわけではないので、今日の動きはトータルとして合格だったかなどと話し合いながら、よりよいカフェを作っていければ、やりがいにも通じます。

また、認知症カフェでは、次の項にも示しますが、スタッフミーティングを通して、カフェの力量を向上させていきます。このミーティングが実質的な研修の場ということもできます。スタッフ同士が臨機応変に動くためには、スタッフ同士が、自分たちの価値観や知識の深さをお互いに知っている必要があります。ボランティアスタッフ同士、生活歴や職歴、カフェ周囲の地域とのつながり、年代などが異なるということもあり、価値観や観察力などに大きな差がある場合もあります。認知症には認知機能、生活機能、精神症状などの座標軸があるものの、血圧や血糖値のような明確な指標がなく、それぞれの見極めもボランティアにとっては容易ではありません。たとえば、以下のような感じでスタッフミーティングが進んでいきます。

スタッフX：今日はAさん、元気なかったね。言葉数も少な目だったし……。
スタッフY：あらそう？　私と一緒のときは、商店街のどの店で買い物するかとかで盛り上がって楽しそうでしたよ。
スタッフX：私はてっきり、認知症が進んできたのかなとか、家でなにかあったのかなと思ったけれど、そうでもないのかな。
スタッフZ：前回、Aさんの奥さんと話をしたとき、最近、家でも元気がないと言っておられました。以前より近くのコンビニに好きなおやつを買いに行くことも減ったとのことでした。

ここでは、スタッフ自身の生活歴や職歴などという深い要素までは入ってきていませんが、来店者の様子に関するそれぞれの観察や見極め、背景要因などについて、それぞれが持っている情報などが話し合われています。このような話し合いを通じて、情報共有やスタッフ同士の理解が進んでいくことも多いですが、ときには、スタッフ同士、けんか腰になって、自分の観察を主張するような場面が出てくる場合もあります。すれ違いの最も大きな理由は、スタッフの性格でも生活歴でもなく、認知症という病気の把握の難しさと生活や人間関係への影響の広さです。そのため、ミーティングを行っていく上で、ある程度、認知症という病気とその生活への影響について詳しい人がその場にいることが望まれます。もし、そのような人がいることが難しければ、そのような点については、別の機会に相談するという形で議論を上手に収めておくことができるということが必要になります。

万が一けんか腰になった場合や、気まずい雰囲気になり、カフェの運営にも支障が生じそうな場合、よりよい認知症カフェ運営を行おうとした原点に立ち返って考えることによって、乗り越えられることも多いと思います。

スタッフ同士の見方の違いやそれぞれの視点での見立てがあることについては、認知症の人と家族の組織として日本で最も大きな「認知症の人と家族の会」の会報誌『ぽ～れぽ～れ』の中の「〝つどい〟は知恵の宝庫」という連載が参考になります。たとえば「母親が認知症になり、遠距離の介護に悩んでいます」というような問いかけと簡潔な状況説明のあと、医師の立場、ケアマネジャーの立場、家族会の先輩としての立場などから、助言が一言ずつ紹介されるという記事の作りになっていますが、それぞれの視点で、必要と考えることが示されています。遠距離介護の場合、「できるだけ元のところに住むことが望ましい」という意見と「子供の近くに呼び寄せるのもあり」というように相反する方向が示される場合もあります。いずれも選択肢として大事なことでもあり、最終的には相談者本人が自分や母親の状況や価値観、性格などを総合して決断することになりますが、認知症のケアにおいて、答えはひとつではないことや、答えはひとつではないものの異なる立場からの意見に耳を傾けることの大切さなどが示されています。研修の具体的な題材としても生かせるかもしれません。

●開店前と閉店後のスタッフミーティング

・「一つひとつの議論を通じてスタッフの認識がひとつになり、同じ方向を向いているのを感じた」
・「本日の振り返りで、冷めない活動報告を申し送ることができるので、確実に次の活動につなげられる」

前項までに、ボランティアを中心とするスタッフの役割や連携について、様々な観察が提示されましたが、そのようなスタッフの動きを支えるものが、スタッフミーティングを通じて行われる、その場その場での学びであり、著者自身、それこそがスタッフ研修なのだということに、スタッフが成長していく姿を見て気がつきました。学校の教室で生徒や学生が育っていくのと同じで、まさに生涯学習の場でもあるのです。そのようなミーティングでは学生からシニアまで、そして、市民ボランティアから専門職まで、誰もがフラットな関係で発言できることが大事です。

もちろん、意見が一致しないことも少なくはありません。コーヒーの淹れかたやカップの片づけかた、飲み物に添えるお菓子の種類などから、その日の会話で行ったちょっとした助言が妥当かどうか、「こんな食べ物がよい」という助言は押しつけではないかなど、あらゆる話題が話し合われます。いくら理路整然と説明したつもりでも、納得できないと憤慨される場合もあります。運営者側として、スタッフとして適性を欠いているかもしれないと悩む人もおられました。しかし、それぞれのスタッフのよさや多様性を感じながら、長い時間の経過の中で見ていると、適性を欠いているかもしれないと思ったスタッフが、予想外の成長を遂げる場合もあります。中には、スタッフ同士で理解し合うことが難しくカフェを去って行くスタッフが出る場合もあります。しかし、お互いに言いたいことを議論できる場を維持することはとても大事です。そのとき、ここは「認知症カフェ」であり、認知症の人や家族にとってなにが望ましいかを考える、また、認知症という病気がもたらす不安や軋轢を理解するという原点に立ち返るようにすれば、カフェとしての一体感は保たれると思います。そのような議論を通じて、お互いの考え方も飲み込み、カフェタイムでのスムーズな連携が生まれるのです。このとき、最終的な議論の焦点に認知症という病気があるので、この点でも次の項の専門職の存在が大事になります。

研修者のレポートには出てきませんでしたが、認知症の本人がスタッフミーティングに参加することについてもおおいに議論されたことがあります。スタッフミーティングが行われている時間帯に本人が到着することがたびたびあったことが発端でした。本人も家族もカフェのスタッフという見方もあるならば、スタッフミーティングに加わるということも大事な協議事項です。現時点での結論としては、ときには本人、家族会などを通じて、当事者のカフェに関する意見を聞く機会は持つことがありましたが、スタッフの学習の場でもあるミーティングは、スタッフだけで行うこととなっています。今後も継続して検討されるべき課題です。

●カフェの専門職

・「家族の相談には、コーディネーターの他に、スタッフの中の専門職のメンバーが応対していた」
・「全体を見渡すコーディネーターの力量が参加される方々の居心地のよさを左右する」
・「当事者の方とご家族の方の状況を理解して、スタッフ・ボランティアのかかわり方などをコーディネートしていくことが大事である」
・「地域の専門職と気軽に同じ目線で話せる場があるのは、重要と感じた」

カフェ運営の中で、コーディネーターの役割とそれを補完する専門職や研修を深めたスタッフの存在は重要です。カフェには様々なニーズを持った人が来店します。コモンズカフェでは、認知症の人と家族だけに限られていますが、上京カフェでは、それに加えて地域で認知症を気にしている人や、中には、認知症予防を目的としている人も来店されます。認知症の人でも、認知症の度合いや年代、もともとの性格などでニーズやどのような過ごしかたがその人らしいカフェの過ごしかたになるのか異なってきます。家族も認知症の人との関係性や続柄、家族自身の仕事や性別など様々な要因でニーズが異なります。すべてをマッチさせるのは不可能ですが、コーディネーターがおおよその勘でそれをつないでいくことが大切です。認知症という病気の困難さに難しさを感じつつも、それがきっかけとなって生まれた社交の場で、それぞれの人の存在が尊重されること、それが、目下、日本でカフェの数が増加している理由なのかもしれません。

話が少し脱線しましたが、カフェという場が、病院や地域包括支援センター、役所の高齢者福祉課ではないこと、それによって、認知症の人や家族、地域の人、専門職の立ち位置や振る舞いそのものも変え、気軽に話し合える環境を形成しているのでしょう。認知症という病気の複雑性を考えたとき、専門職や研修を積んだスタッフがいること、そして、それがカフェの場であることが大事なのです。

Q&A　認知症カフェの開設・運営に関する疑問にお答えします

●認知症カフェのグランドデザイン

・「『地域の中にオアシスを作るのか、地域の緑化活動をするのか』という言葉を学んだことが、どのように、どのようなカフェを作るのかの参考になった」

受講者のレポートのこの文章は、著者がかかわった最初のカフェであるコモンズカフェの次に上京カフェを開店する計画を立てたときに、地域の民生児童委員の方から問いかけられた言葉に由来しています。この言葉を念頭に置いて、著者がどのように2つのカフェを位置づけようとしたかをお伝えすることで、認知症カフェのグランドデザインともいうべきことが把握しやすいと思いますし、このあとのQ&Aの中に出てくる事項とも密接に関連しますので、ここで記載しておきます。

コモンズカフェは、週に1回、認知症の人と家族の人に来店者を限定したカフェです。一方、上京カフェは、月1回開催でオランダ発祥のアルツハイマーカフェ形式に則った地域に開かれたカフェです。コモンズカフェは開店当初は京都市上京区、2015年春からは中京区に移って運営していました。来店者の地域は特に限定せず、京都市内、京都府内、近隣の府県からも来られることがありました。一方、上京カフェは京都市上京区という人口8万人余りの西陣織を地場産業として持つ伝統的な地域の中で、地域在住の方であればどなたでも来店して下さいとポスターやチラシも用意して案内を行っているカフェです。そこでは、「対象者を絞って」いません。認知症の人や家族も2～3割おられましたが、そうでない人も7～8割おられました。まず2つのカフェを対比して概要を記載します。いずれも2015年頃の状況に基づいて記載しています。ここでは、この2つのカフェを通して具体的に提示しますが、それぞれには全国各地で開催されている多くのカフェに共通な要素が含まれているはずです。それぞれの項目を対比することで、認知症カフェの運営にとって大事な考察ポイントが浮かび上がってきます。

これらの項目の中で開催頻度と対象者や運営費用はカフェをデザインする上で大事なポイントで、以下のQ＆Aの中でも詳しく記載していますが、開催頻度について印象深いエピソードを含め、少し記載しておきます。

認知症カフェは、認知症の人が仲間を見つけ、情報交換や仲間意識を共有し、認知症とともに豊かに生きていくことができるという実感を持てることが最も大事なポイントであるという原点にたてば、認知症による記憶の連続性から考えて、1か月に1回では頻度が少ないことが予想されます。実際にコモンズカフェを開設し、週1回で運営してみると、そこに常連として通ってくる認知症の人たちには仲間意識が芽生えることや、スタッフとの間にも友情が生まれること、細部は覚えてい

オレンジカフェコモンズ	
開催頻度	週１回もしくは隔週
対象者	認知症の人とその家族、若年性もしくは前期高齢者の初期認知症の方を優先（要事前予約）
運営主体	ＮＰＯ法人オレンジコモンズ
カフェスタッフ	オレンジカフェコモンズスタッフ（ＮＰＯ法人オレンジコモンズ会員が中心） 専門職ボランティア、認知症サポーターからリクルートした市民ボランティア、学生ボランティアなど
開催場所	貸しスペース（１回5000円、無料、１回２万円など）。発足当初の２年半は、上京区にある多世代共生などを目的とするスペースを毎週貸していただいたが、毎週日曜日にお貸しいただく調整などの関係で、移動を模索し、市内の大学が持つ町屋スペースに移転。毎週の借用は難しい点もあり、近隣地域にあったレンタルスペースを隔週で借りることもあった
参加費	飲み物代100円（2016年９月から別途参加費１家族あたり500円）
来店者数	毎回15人程度（年間で延べ600人程度。スタッフを除く）
来店者構成 （おおよその割合）	認知症の人５割、認知症の人の家族５割。必ずしも本人と家族ということではなく、本人だけ、家族だけの来店もあり。本人だけの来店もあり。近くのバス停などまで見送ることはあった。
年間予算	200万円程度 ただし、この額は、専門職コーディネーターへの謝金と、様々な背景や技量を持つボランティアへ試行的な意味もこめて有償ボランティアとしての謝金を計上していたことや、開催回数が多いことが関係している
支出	飲み物代原材料費、事務経費、通信費、スタッフ謝金、場所代
収入	飲み物代収入、助成金、寄付金
開催時間	11時～15時（スタッフは10時～17時。時期により多少変動あり）
カフェの内容	すべてフリーのカフェタイム。そのときにより散策、家族会、生け花、将棋などあるが、参加は自由で集団での実施はなし

オレンジカフェ上京	
開催頻度	月１回（８月など休むこともあるので、１年に10回程度開催）
対象者	京都市上京区在住の方なら、どなたでも（予約なし）
運営主体	オレンジカフェ上京実行委員会 （訪問看護ステーション、介護事業者によるささえ愛の会、ＮＰＯ法人オレンジコモンズ、上京区社会福祉協議会を構成メンバーとして、協力メンバーとして上京区内の４つの地域包括支援センター、介護予防推進センター、民生児童委員有志、市民ボランティア）
カフェスタッフ	オレンジカフェ上京実行委員会メンバーおよび市民ボランティア、毎回20名程度
開催場所	社会福祉法人の交流スペース。ビルの１～３階はデイサービスで、４階が交流スペース。もともと、織物屋の会社ビルで地域の人々になじみのある建物 上京カフェ発足当初は閉校になった小学校の空き教室をその地域の民生児童委員会の厚意で借りていたが、地元行事と重なることもあったことや、その小学校が上京区の一番南にあったため、区の中心部での開催を意図して探した結果、移動
参加費	飲み物代100円
来店者数	毎回20～30人程度（年間で延べ250人程度、スタッフを除く）
来店者構成 （おおよその割合）	認知症の人２割、認知症の人の家族３割、その他の地域の人々５割
年間予算	10万円程度
支出	飲み物代原材料費、広報関連費用（チラシ印刷）、テーブルの花代、講師・演奏謝礼。スペース代は無料。スタッフ謝金はなし
収入	飲み物代収入、助成金、寄付金
開催時間	14時～16時（スタッフは13時～17時）
カフェの内容	ミニレクチャー（30分）、音楽の生演奏（30分）、カフェタイム（60分）

＊ミニレクチャーとはカフェのスタッフである専門職が認知症に関するミニ講義や情報提供を行うこと。ときには、インタビュー形式で、司会者とやりとりしながらのお話、認知症の人の家族の経験談や、外部講師を招いてのミニ講義もあり。フロアにマイクを回しながらの質問タイムなども設けた。

ミニレクチャーと音楽の生演奏のあいだに、舞台裏でスタッフが、本日の来店者について受付で聞き取った来店者のニーズをもとに、カフェタイムにスタッフが座る位置などを相談することも行っていた。

ない場合でもカフェの経験をある程度記憶していることなども実感しました。

コモンズカフェに常連として通ってきていた60代後半の男性（仮にAさんとします）がいました。Aさんは、初期の段階をやや過ぎており、妻が作る弁当の箱を開けるときにも助けが必要であったり、お気に入りのノルディックスティックも声かけなしでは忘れることがしばしばあったりしました。1人でいることの不安が強く、どこに行くにも妻のうしろをついて回るため、妻の負担はかなり重いものがありました。しかし、カフェに通ううち、学生ボランティアに様々な助言を行うなど、Aさんらしい、奥深い知恵を披露し、Aさん自身も自分らしさを取り戻していきました。ある日、カフェが閉店する頃、スタッフが「今日はどうでしたか」と尋ねると、「今日は楽しかった……いや、今日も楽しかった」との返事が返ってきて、そのスタッフはその経験をとても印象的な出来事としてスタッフ間で共有しました。Aさんの認知症の度合いを見ていると、時間は次から次へと過ぎ去って、記憶に留まることはないとスタッフは心得ていたので、「今日も」というように、このカフェでの楽しい経験が記憶に留まっていることに驚きを禁じ得なかったのです。著者自身も認知症専門医として病院の外来で認知症の人の認知機能検査結果を見たり、近時記憶低下に伴う症状を家族から聞いたり、診察場面で記憶に関連した問診を行っている経験から、日々の新しい出来事を記憶に留めることの難しさを実感していましたので、カフェという場で記憶の連続性がある程度保たれていることは印象深い経験でした。本書でも随所にエピソード記憶が保たれる度合いの違いについて説明していますが、認知症の人にとって、心の拠りどころにもなるカフェでの記憶は、とても大切です。記憶の心理的過程として、記銘（覚える）・保持（記憶を保つ）・再生（記憶を想起する）という3つのプロセスがありますが、記銘・保持のプロセスが特に低下している初期のアルツハイマー型認知症の人にとって、この開催頻度は重要な因子です。

上京カフェとコモンズカフェ、2つのカフェの運営にかかわった経験上、月1回のカフェは、家族支援と家族支援を介した本人支援の要素がより大きく、週1回のカフェは、本人への直接的な効果の要素と家族支援の要素が均等に含まれるようには感じていました。月1回はカフェが開催されるということは、認知症のことを気にかけている地域の人々にとっても大事なことで、1年に1回の講演会や相談会などとは異なる、「日常の延長にある場所」になるようです。一方で、開催頻度はスタッフ、開催場所、予算などの運営者側の要素も大きく関係します。これらについてはこのあとのQ&Aの中でも記載します。

表中の運営主体とスタッフについて、経緯を補足しておきます。コモンズカフェは病院のもの忘れ外来で集ったメンバーが核となり、知り合いの専門職、そして、市民ボランティアを募って混成の任意団体運営として発足しました。その運営を通じてできた地縁をもとに、上京カフェは発足時から、地域内の医療、介護、福祉、地域のフォーマル・インフォーマルメンバーが共同運営する形をとりました。カフェを必要とする人への広報、声かけ、そして、対象者などでの違いが生じます。

カフェスタッフはいずれのカフェも専門職と市民ボランティアの混成ですが、コモンズカフェでは市民ボランティアのほうが人数的に多く、その形での運営が4年以上続いています。コモンズカフェでもその状況を生み出すためにコーディネーター役の専門職や、その他の専門職が要所要所を支援していますが、一方の上京カフェは専門職がもともと主体で発足し、1年半経過した頃から、市民ボランティアの育成、参加へとつなげていました。

開催場所についてもこのあとのQ&Aでも記載しますが、いずれのカフェでも、できるだけ日常生活の延長線上にある場所を選んでいます。コモンズカフェも3つの場所を使ってきましたが、3か所とも、道行く人がカフェ看板を見て間違って入ってきそうになることがありました。「いちげんさんお断り」というのとは少し違いますが、予約制であるということでお断りしていました。上京カフェも、移転後は社会福祉法人が運営している建物ですが、地域の人によく知られた建物で、目の前にバス停があるという立地でした。アクセスについては便利に越したことはありませんが、開催場所だけでなく、この開催概要に記す項目は、全国それぞれのカフェで強みもあれば、ハンディキャップもあることと思います。知恵を絞り、仲間のツテをたどって検討しましょう。

来店者数と来店者構成については、Q&Aの「カフェの広報」「参加人数の調整」のところなどにも詳しく記載しています。開催時間とカフェの内容についても、本書全体を通じて考え方の大事なポイントは記載していますが、既に先行している種々の取り組みや地域の実情を参考にしつつ、それぞれの運営者が選び取っていくことになります。著者の場合もそうでしたが、幾つかのタイプのカフェを運営して、それぞれの意義を検討し、中長期的にみて本当に必要そうなものを求めていくことが重要です。カフェらしいくつろぎや楽しい会話を通じた、認知症カフェとしての本質的なことがひとつの柱になりつつも、日本での介護保険制度、少子高齢化、地域包括ケアなど様々な社会的要因や、地域ごとの課題ももう一方の柱になります。開催頻度やスタッフの構成なども関係しますので、運営者・スタッフ・認知症の当事者・地域の人々などともよく話し合って決めていきましょう。

さて、いかがでしょうか？　既に認知症カフェを運営したり、計画がおおよそできあがっている場合も、開催頻度などカフェの開催概要が運営者の都合になっていないか、よく振り返ってみて下さい。認知症の人の視点を重視するなら、とことんそのニーズに合わせていくべきかもしれませんが、ジレンマ、葛藤のある課題であるのも確かです。たとえ、本人の視点や当事者家族の視点を重視するとしても、運営者が行き詰まっては運営そのものが成り立ちません。なんらかの活路はないか、協力してくれる人や新たな発想がないか、カフェの自由さも生かして、認知症の人と家族・地域のサポーター・運営者などの思いとニーズの最も望ましいと思われる地点をめざしましょう。

●どのように参加を希望するボランティアを募ってくるのか

- 「ボランティアスタッフのリクルートや研修はどのように行っているのでしょうか？」
- 「認知症の人や家族を支援できるボランティアを養成できる機関はどこでしょうか？」

一般的なボランティアスタッフのリクルートについては、各自治体や各地の社会福祉協議会などが実施あるいは実績を持っていることが多いでしょうから、そのような機関の窓口と相談してみることが大事です。具体的に最も関連するのは、認知症サポーターキャラバンという活動です。2016年夏の時点で、800万人以上が養成されています。認知症サポーターは、講座を受けたいという人が5人以上集まって役所の担当課か社会福祉協議会の窓口に申し込み、講師役のキャラバンメイトから、1時間半の講義を受けます。受講後はオレンジリングという腕にはめるオレンジ色のリングを受け取ります。認知症サポーターの仕組みのよいところは、活動を義務づけるものではなく、登録などもないことで、サポーターになること自体のハードルを低くしてあることです。実際に活動する義務はないが、認知症についての知識を身につけ、自分ができる、ちょっとした見守りなどを行おうという人を増やすことに主眼が置かれています。そのため逆に、オレンジリングを持っている人に案内を送って、カフェスタッフへの応募を促すことは、名簿もないのでできません。また、1時間半の講義を受けただけでは、認知症についての知識は十分ではなく、自治体などによっては、更に知識を深めるステップアップ講座などを行っています。市民がキャラバンメイトの講座を受けて、キャラバンメイトになっている地域もあります。そのようなステップアップ講座やキャラバンメイトになったときには登録を行うことが多いので、その事務局と相談して、カフェスタッフへの応募を依頼できる可能性があります。

2015年1月に示された新オレンジプランでも、認知症サポーターが復習も兼ねて学習する機会を持つことや、認知症にかかわる様々な場面で活躍することの必要性を唱えています。認知症という病気は、座学だけで理解するのは難しいものです。「今まで話をしていた友人だけど、認知症という診断を受けたらしい。どのように声をかけたらいいのかわからない」というような話を聞くこともあります。カフェという、専門職や認知症ケアの経験者の見守りがある中で、認知症の人とのかかわりを学ぶということは、認知症サポーターにとってもよい経験ですので、カフェを開催、運営するときにぜひ相談してみましょう。

認知症にかかわる人々の中でも、医師や薬剤師・作業療法士など医療関係者は社会福祉協議会などの活動に無縁で、相談を持ちかけるのもためらわれるという話を聞くことも多いですが、認知症カフェ運営の大事な点は、地域で認知症の医療、ケアに関係する人々が協力する関係を築くことでもあるので、スタッフリクルートをきっかけにお互いが顔の見える関係になることは有意義なことです。反対にケアマネジャーや認知症ケア学会認知症ケア専門士、あるいは家族会などで認知症カフェを運営するときは、地域の認知症サポート医や専門医、薬局などに声をかけてみるのも大事なことです。専門職のボランティアということになるかもしれませんが、認知症カフェで認知症という病気についてのミニレクチャーを行ってもらうことも来店者に好評な場合も多いです。

目下のところ、認知症カフェのボランティアを養成できる機関は、著者の知る限りはありません。それぞれのカフェや、それぞれの地域の中で、カフェボランティアを養成しようとする動きはありますが、まだ、そのような段階です。各地域で10か所、20か所などのカフェが集まって連絡会を開催することが増えており、著者が代表世話人を務める京都認知症カフェ連絡会でも1年に2回講演会などを開いています。そのような場を通じて、認知症カフェについての共通意識を養ったり、運営上の課題などを相談することができますが、連絡会はボランティアの養成というより、運営者の相談の要素が強いかもしれません。

●スタッフ研修について

・「学生やボランティアにされている研修内容はどのようなものでしょうか?」

・「学生スタッフ、市民ボランティアの方もいつまでかかわり続けられるかわからない、という不安定さがあるように思ったが、どうでしょうか?」

・「たとえばトイレ誘導も細やかに観察し、援助しておられるのを拝見すると、地域の無償ボランティアが行える範疇なのだろうかと思いますがいかがでしょうか?」

学生やボランティアに行っている研修は、スタッフ登録時に、2時間×3回程度を行っていますが、はっきりと決まった形になっているというところには至っていません。学生については、もともと社会福祉士の課程を履修していたりする場合が多いこと、市民ボランティアについても認知症サポーター養成講座に加え、ステップアップ講座を受講した人が対象になるため、認知症という病気の基本については、最低限のことを説明する程度にしています。また、認知症カフェスタッフの研修として、最も大切なのは、毎回のカフェのときのミーティングであると考えており、カフェスタッフとなって6か月から1年の経験を積むことが重要です。その他、著者が運営に携わってきたカフェでは、カフェのボランティアスタッフが、地域で開かれる認知症関連の講演会などに自主的に参加し、研鑽を積んでいる姿を見ることも多く、心強く感じました。カフェ独自でも、フォローアップ研修会やボランティアスタッフ交流会が開催できることが望まれます。

スタッフ登録時の研修の1例を次ページの表に示します。カフェで実際に認知症の人や家族との対話やカフェ運営に携わるということを念頭においたオリエンテーションということもできます。

認知症カフェの市民ボランティアの育成は、この本の最も主眼とするところですが、「市民ボランティアに専門的なことを伝えて、育成する必要があるのか?」とか、「カフェなのだから、もっ

スタッフ登録時の研修の一例

研修1日目（各項目5～30分、合計2～3時間）	
1	守秘義務、カフェスペース利用にあたっての注意点、ボランティア保険など 自己紹介を通じた自分という人間の持つ資源へのまなざし
2	生まれ育ち、家族、趣味、仕事、興味など
3	本人、家族との基本的な接し方
4	認知症の人が望むこと
5	介護負担感を具体的に思い浮かべる（ザリットの介護負担尺度評価表）
6	認知症の人と家族を包括的に見るポイント
7	認知症という病気のおさらい 認知症の長期経過の俯瞰、本人が発する言葉の解釈、パーソンセンタードケアについての予備知識
8	語りを通じた認知症の人の思いとそれに基づくカフェ傘下に関する質疑応答
9	認知症の人と家族の相互関係、もの忘れの悪循環
10	認知症カフェでのスタッフの実際の動き （本人支援、家族支援、本人相互支援、家族相互支援、それぞれに応じて）
11	いろいろなスタッフの注意点
12	認知症のステージの再確認（ＦＡＳＴステージ）
13	オレンジカフェスタッフの心得
研修2回目	
1	認知症の人と会話するときの技術（話題選び、聞き出すときのポイント）
2	認知症の人の家族と会話するときの技術
3	認知症の人の行動を見守るときの視点（トイレに行くときのことなど）
4	カフェスタッフとしての役割（キッチン、会計、広報など）
研修3回目（事例、ロールプレイ）	
1	あるカフェ来店者がカフェに来るまで、カフェでの時間、他の地域資源とのつながり
2	こんなときどうしますか？

と気楽に、楽しいところとして運営するほうがよいのではないか？」という意見をいただくこともあります。また、「市民ボランティアには無理なのでは？」「市民ボランティアにまかせるのは心配」などという意見も聞きます。しかし、前のほうの項にも書きましたが、「市民・学生ボランティアも力量を高めればカフェスタッフとして活躍する」のは確かです。市民ボランティア自身からも、最初の頃は、「認知症カフェのボランティアと聞いて、コーヒーを淹れたり、運んだりすることのお手伝いと思っていたので、認知症の人とお話ししたりするとは思わなかった」という声が聞こえてくることもありました。しかし、実際には、学生・市民ボランティアは積極的に楽しく初期研修を終えていき、毎回のカフェでのスタッフの役割をこなしつつ、それを実地研修として経験を積んでいきます。

著者がオレンジカフェをはじめたきっかけは、２０１２年２月に行われた「京都式認知症ケアを考えるつどい」と、その成果物としての「２０１２京都文書」でした。そこには、幾つもの大事なことが示されていますが、特に２つの点がカフェの活動に通じています。ひとつは、「認知症の人が今よりももっと豊かな人生を生きることができるようになることで認知症の疾病観は確実に変わっていく」という点。もうひとつは、「２０１２京都文書」の資料編に掲載されているデルファイ法というアンケート調査の結果で、結論としては「２０１２年２月の時点で、認知症ケアで達成されつつあることはほとんどなく、これまでの現場の努力や取り組みの延長線上には２０２５年の地域包括ケアはない」という内容でした。認知症の人を排除しない地域包括ケアというのは絵に描いた餅に過ぎないということです。そうでない方向を見いだしていこうというのが「２０１２京都文書」のめざすところで、そこで出発したのがオレンジカフェです。幸いなことに、オレンジカフェをはじめてすぐに、カフェが、「認知症の人が豊かに生きる姿を実感する場」であること、スタッフとして働く学生・市民ボランティアも有効に機能すること、自分自身も含めて専門職としてカフェにかかわる人も、これまでとは異なって「素の認知症の人の姿」を目にすることなどに気がつきました。「素の認知症の人の姿」とは、認知症という障害も持ちつつも、周囲の偏見や場合によっては本人自身の持つ偏見から解き放たれ、ありのままに過ごすという意味です。

2つめの質問にあげられた「学生スタッフ、市民ボランティアの方もいつまでかかわり続けられるか、という不安定さがあるように思ったが、どうでしょうか?」ということについて、確かに学生スタッフは、大学3年生でリクルートすることが多かったこともあり、実質1年で辞める場合が多かったです。しかし、それでも十分に活動をしてくれて、次の年度の学生をリクルートすることにより学生スタッフの活動は引き継がれています。年度ごとに研修を行う必要はありますが、初任者研修は数時間のことですので、労力と言えばもちろんそうですが、可能な範囲のことだと思います。市民ボランティアもコモンズカフェの場合、発足から4年経過しても初期メンバーが何人も残っていますし、学生ボランティアの年度ごとの研修もありますので、そのときに同時に募集、研修を行うことで、新規の市民ボランティアも加わっています。

また、「トイレ誘導も細やかに観察し、援助しておられるのを拝見すると、地域の無償ボランティアが行える範疇なのだろうか」ということについては、スタッフミーティングで何度も何度も議論が繰り返されたテーマでもあります。少し長くなりますが、他のことも含めた復習にもなるので、事例を記載しておきます。まずは、スタッフミーティングの様子からはじめます。

スタッフA：最近、Mさんはトイレに入った後、中から鍵を閉めると開けるのが難しいときがあります。
スタッフB：トイレを済ませた後に下着をあげるのがわからないときもありました。
スタッフC：オレンジカフェというのは、初期の認知症の人の場であって、トイレなど日常生活動作はできる人が来ていると最初に聞いています。トイレの手伝いは無理です！
専門職D　：そうですね。Mさんは、そろそろ介護保険サービスの利用を中心にするのがよさそうですね。
スタッフA：でもMさんも、Mさんの奥さんも、このカフェに来るのをとても楽しみにされていますし、トイレのことは工夫できないでしょうか？

専門職E　：トイレのときだけは、Mさんの奥さんにかかわってもらうようにしましょうか。同性のスタッフであれば、トイレの前で見守って、鍵はかけないようにとか、声をかけることはできるでしょうが、確かにボランティアの皆さんに下着の上げ下げを手伝うというのは、このカフェでは難しいでしょうしね。
スタッフB：でも、Mさんの奥さんも家でもかかわっているでしょうから、カフェに来たときぐらいは、誰かに任せたいかもしれないですね。
スタッフC：でも、それはカフェのすることではないと思います。
専門職E　：では、介護保険サービスの利用のことも含めMさんの奥さんともう少し話をしてみます。

結論から言うと、上記の研修受講者の「トイレ誘導も細やかに観察し、援助しておられる」というコメントは一概にはいえず、カフェでいつもそのすべてをボランティアが行っているというものでもないのです。おそらく、人によってトイレの鍵について難しい人がいることを察知し、難しい人の場合は、トイレの鍵を内側から閉めないように見守るという行動はしていたでしょうし、ときによっては下着の上げ下げなども見守っていることもありますが、原則として、下着の上げ下げなどは、カフェスタッフは手伝わず、必要な場合は家族に手伝ってもらうことにしています。しかし、あくまでも原則であって、そうでない場合もあります。これと似たようなことは、以下のような場面でも関係します。

・カフェでの飲み物代を払うときに、財布をバッグから取り出し、硬貨があるなら硬貨を出すのを手伝う。
・食事のときに弁当を開ける際、中身がこぼれないように見守る。
・昼の薬を持ってきている場合、忘れないように声かけし、服薬を見守る。

お金の支払いの場合、他人の財布を見て、そこからお金を取り出すのはボランティアスタッフにとって気が引ける行為である場合があります。これらの「できないこと」の多くは第2章や第4章でも説明しますが、アルツハイマー型認知症の場合、中等度認知症で難しくなる行為です。服薬を忘れないということは軽度認知症の段階で難しくなることが多い行為です。このような日常的な支援は、家庭では家族が行っている場合が多く、専門職でないとできないということではありません。しかし、誰にでもできることかというとそうではなく、知識やコツ、心構えなどが必要です。数時間の講義を受けただけでは難しく、体験を通じて学んでいくことが重要になる理由でもあります。話が少し逸れましたが、認知症カフェが認知症ケアパス（第4章）の中で、どのような役割を

認知症の人と家族の思いやニーズ

本人のニーズ	家族のニーズ
・これって認知症なの？　自分はどうなっていくの？ ・自分ではまだなんでもできると思っているけれど、自分は馬鹿になってきたのだろうか？ ・同じ病気の人はどう思っているのだろう。同じ病気の人と話がしてみたい。 ・本人の思いも理解した人からこの病気のことについてもっと教えてもらいたい。 ・自分に対していつも接している家族の気持ちを理解してくれる人がいて、家族が自分に上手に接することができれば……。 ・自分にも、ちょっと手助けしてくれる人がいれば、もっとできることがあるはず。	・認知症ってどのような病気なの？ ・年をとると誰でもこうなるのでは？ ・年齢のせいでは？ ・今後、どうなっていくの？ ・自分はどう接したらいいの？ ・同じことを何度も聞かれるのは辛い。そのたびに答えるの？ ・自分ばかりを頼りにしているように思えるが、もっと本人が自分でできるのでは？ ・介護保険って具体的にどう使えるの？　どこに申し込むの？

担っているかという点を思い起こすことも大切です。医療でいえば、もの忘れ外来などは主として認知症の初期診断の役割を担いますし、在宅医療は認知症や身体合併症が重症化して通院が難しい場合や、終末期の看取りを行う時期に力を発揮します。このようなケアパスで大事なことは、単に分業を行うことではなく、本人や家族の思いやニーズを尊重し、地域の特性にも配慮しつつ、認知症という病気の経過にあわせて必要なときに必要な支援を途切れなく提供できる仕組みを作っておくことです。認知症のごく初期から軽度の時期は認知症カフェ、中等度になれば、介護保険のデイサービスというような形で、ばっさりと分けることができるものではありませんが、

緩やかな形で、役割分担ということについてはカフェスタッフの中で議論を通じて共通認識を持っておくことが望まれます。ここで、認知症のごく初期から軽度の時期の本人・家族の思いやニーズを表に示してみます。

本人や家族の思いやニーズはいつも上手に示されるものではありません。自分たちのニーズが話せる環境があってはじめて希望が出てくるようにも思います。そのようなニーズが出せる場所が認知症カフェでもあるのです。また、認知症カフェもスタッフや資金などの関係上、万能というものでもありません。本来であれば、カフェが担ったほうがよいと思えることでも、他の地域資源にゆだねざるを得ない場合もあります。スペースの関係で、来店者を限定する必要がでる場合もあります。運営者やスタッフの、自分たちのカフェはこのようにしたいという思いもあるでしょう。そのようなトータルのバランスを考えつつ、それぞれのカフェが自分たちのカフェでできることを決めていくことになります。

少し長くなりましたが、スタッフ登録時に行う研修は、これから研修を重ねていくにあたってのウォーミングアップのようなもので、そこから先が本当の研修であることが見えてきたでしょうか？　考えようによっては、認知症の人やその家族が、トレーナーと言うこともできるかもしれません。

●ボランティアスタッフとの取り決め

・「ボランティアや学生との約束ごとはどうしていますか?」
・「ボランティア、学生に対する情報などの秘密保持の伝え方はどうしていますか?」
・「無償ボランティアと有償ボランティアの違い。有償ボランティアの場合の有償の額などはどうしているでしょうか?」

ここで挙げられた3つの質問は、少しジャンルの異なる内容ですが、ここで記載しておきます。ボランティアや学生との取り決めについては、スタッフとして参加する時間、謝金、交通費、守秘義務などがその事項として上がってくると思いますが、労使関係ではないという基本があります。かといって、気の向くままに参加して、気が向かなければ来ないということになると、「カフェ」というものを運営する場合には困ります。約束ごとのような形で、カフェのシフトに入ってもらうこと、守秘義務の原則を守ることを研修などで伝えています。誓約書を書いてもらうようなことはしていません。街中の喫茶店で働くときに守秘義務が必要かということにもなりますが、認知症カフェでは、それよりは少し病気のことやプライバシーにかかわることを話す機会も多いので、守秘義務ということを念頭に置くようにしています。

カフェでのボランティアが無償か有償かも議論の多いところかと思いますが、認知症カフェのボランティアが比較的長期間の参加を前提とすること、研修を積み重ねていくことなどを考え、コモンズカフェでは有償を基本とし、無償を選んでもよいこととしています。無償と有償によるスタッフとしての動きには差はつけていません。経過中にアンケートを行ったり、正式に議論も何度か行いましたが、両方を継続しています。有償ボランティアにも一般的には2種類あり、交通費、軽食程度を出す形と、時間あるいは1日でいくらという謝金を出すなどの形があります。この点は、運営者側の組織の会計方針などによっても一概にはいえませんが、活動頻度や内容とも関係しますので、それぞれのカフェで議論していただければと思います。有償の場合の金額なども含め、議論のテーマに挙げてみる大事な項目ということは知っておくことが望まれます。

●カフェ運営の母体や専門職・コーディネーター

- 「任意団体からNPO法人となったことのメリットはあるのでしょうか？」
- 「『認知症カフェ』をコーディネートする専門職・家族の相談に応対できる専門職を養成できる機関はどこでしょうか？」
- 「今後のカフェ運営の担い手はどうなるでしょうか？」
- 「専門職ボランティアはケアマネジャー以外にどのような職種の方がおられるのでしょうか？」

コモンズカフェは運営開始当初、任意団体として出発しましたが、約2年経過した時点で、NPO法人を設立しました。これは、一般的な任意団体かNPO法人か、あるいはその他の法人かという議論と同じです。活動の継続性、資金獲得、会計の透明化、組織として運営する意味、収益事業かどうかなどで判断することになります。その上で著者らはNPO法人を選択しました。一方で、上京カフェは任意団体と同等の実行委員会という形にしており、その運営については規約という形で約束ごとを記載しています。

認知症カフェを運営する人材を養成する研修や機関は今のところ著者が知る範囲ではありません。京都では、京都認知症カフェ連絡会を設立し、1年に2回の会合を行う中で、伝達事項や認知症カフェとしてのあり方について議論を行い、共通認識を持つようにしています。いずれは、専門職研修や、ボランティアの研修それぞれを連絡会で一括して行うようなことも検討課題ですが、まだそこには至っていません。他の地域でもカフェ連絡会を結成して、情報共有を行う形で運営者の学びの場を作る動きはあるように聞いています。認知症カフェがフォーマルな組織か、インフォーマルな組織かということも大事な論点で、施設基準というような形で完全に枠組みを決めてしまうと、カフェとしての自由度が減り、くつろぎの場としての面白さに影響が出るという意見もあります。そのため公的には、スタッフの研修や、専門職の連携に関する基準やその研修について、今後も明確化されない可能性はあります。

今後のカフェ運営の担い手は、上記の施設基準などの議論や、日本における認知症カフェの役割の議論の行方とも関係しますが、「市民ボランティアが中心で、一定の割合で専門職も連携する」という形ではないかと個人的には考えます。本書のテーマでもある2025年の地域包括ケアというひとつの目標地点までにどれだけ市民ボランティアが力をつけるか、認知症についての理解の深まりや偏見をなくすことができるか、日本の超高齢社会が持続可能なものとしてどのようにデザインされていくのかなどとも関係します。

専門職ボランティアの候補は、ケアマネジャー・社会福祉士・介護福祉士・精神保健福祉士・医師・看護師・保健師・薬剤師・理学療法士・作業療法士・言語聴覚士・歯科医師・歯科衛生士・鍼灸師・臨床心理士・栄養士・家族会世話人などが挙げられるかと思います。認知症初期集中支援チームのようなフォーマルな組織ではありませんが、可能であれば、認知症についての一定の知識、経験のある医療・福祉系両者の専門職がいて、定期的にカフェに顔を出す、もしくは必要時、相談できるという体制になっているのが望まれます。ただし、カフェによっては、専門職はボランティアではなく、仕事としてカフェに参画している場合もあるかと思います。これはこれで、そのカフェの予算やスタッフ配置、カフェのめざすところ、カフェがあるところの自治体の方針など個々に考えて決めることであろうと推測します。認知症という病気の観点からは、「専門職」は医療・福祉系ということになりますが、カフェ運営の観点からは、自営業経験者・営業職・行政職、その他、多くの市民の職業経験が生かされる場でもあります。

●運営費用、収入と支出

・「赤字を出さない稼動の方法は?」
・「運営費の詳細はどうなっているのでしょうか?」
・「開催頻度についてどう考えればよいでしょうか?」
・「補助金の取得方法や財源の見通しは?」

認知症カフェというぐらいですから、カフェの運営を考えるとき、収入と支出のことはまず考える必要があります。著者自身も認知症カフェの話をするとき、「認知症＋カフェ」なので、認知症のことをよく知って、認知症の人とその家族の人、そして認知症の人とともに過ごしていこうとする地域の人々にとって有意義な場所であると同時に、素敵で居心地のよい場所になるようにカフェとしての運営を考えて下さいと伝えています。前者のことはこの本の大部分を使って説明していますので、後者のことに触れておきます。著者も認知症カフェを開催する前に、まず手に取ったのは普通の喫茶店を運営するための本でした。それらに書いてあったことで1番大事なことは、カフェが地域の人々が行き交う場所だということです。この点は、認知症カフェと基本が重なっています。

その次には、実際の運営費用のことや、赤字にならないために、どのようなことが大切かということでした。

しかし、実際に認知症カフェのことを考えると、到底本業として黒字収入にすること、もしくは収入と支出をほぼ同じにすることが難しいことは明白です。カフェの収入の基本はお客さんが支払う飲み物や食べ物の代金です。一方、支出は主なものから、人件費、場所代、原材料費、光熱費、広告費、什器などの諸費用と続きます。この収支を合わせようとすると、回転率を上げるか単価を高くして収入を増やすしかありませんが、認知症カフェでは来店者にゆっくり過ごしてもらうことは大切ですし、社会福祉的要素のある活動ですから単価を上げることもできません。実際に、上京カフェで、１００円の飲み物代が払えないので、飲み物は水だけでよいから入ってよいかと言われたことがありました。もちろん、入っていただきました。ただし、迷ったもののコーヒー1杯のサービスはしませんでした。少し勇気が必要なことだったでしょうが、よくぞ申し出てくれたと思いました。

収入が見込めないとなると、支出を絞るしかありません。ここで、カフェの開催頻度が大事になります。週1回とか、月1回であれば、場所をどこか安く借りることができる可能性は高いものです。荷物を置くことや毎回場所を設営して終了後に元に戻すことなどを考えると、開催頻度が多ければ、専用の場所、あるいは融通がきく場所がほしくなります。しかし、そこは地域の協力や運にまかせるしかないところがあります。什器などもこだわりだせば幾らでも高いものはありますが、スタッフが持ち寄ったり、バザーなどで手に入れるなど工夫すれば、安く抑えることは可能です。広告費も、スタッフが分担して印刷するとか、口コミなどによって、一定の範囲におさめることは可能です。支出で最も思案するのは人件費です。ここでも開催頻度は大きな要因です。頻度が多ければそれに比例して人件費が増すことになりますが、そうとも言い切れません。月1回であれば無償のボランティアでも熱意によって継続が可能な場合もありますが、週1回になると熱意だけで長期間続けることはむずかしくハードルはかなり上がります。その他、開催は月1回でも3人で交代すれば、1人あたりの回数は3か月に1回になりますので、その点も考えます。オレンジカフェ上京も月1回の開催でしたが、専門職ボランティアは1つの団体もしくは1つの事業所から3人が交代で来ることによって、1人あたり3か月に1回程度の参加という形でした。その場合も、その専門職が無償のボランティアで参加するか、事業所の勤務として来るかは、それぞれの事業所にゆだねていました。市民のボランティアも1、2か月に1回の参加であれば、無償でかまわないという意見が大半でした。ただし、事務局機能などを果たしてもらうのには業務内で担える形にしたいので、専門職の場合、事業所が仕事としてまかせていることなどは必要条件でしょう。国の新オレンジプランで、認知症地域支援推進員等がその役割を担うと読み取れるように記載しているのは、介護保険の総合事業の中から、その人材を雇用するという形を示していると思われます。ここで、認知症地域支援推進員等と「等」が入っていることで、他の役職もありえるとはしています。

では、カフェ開催頻度はどの程度が望ましいのでしょうか？　運営者およびスタッフの立場から考えると月1回ぐらいが収支も考えると妥当ではないかと思えるかもしれません。しかし、著者らが2012年にコモンズカフェを計画したとき、月1回ということは念頭にありませんでした。認知症という病気を常に意識しているわけですから、記憶力が低下している認知症の人にとって意義のある場所と考えると週1回は少なくとも必要だと思いました。そうなるとマンパワーの継続性が課題になります。自治体がこのような事業をどの程度支援してくれるかということになりますが、さいわいモデル事業として支援が得られ、コーディネーター役の専門職の謝金と、ボランティアスタッフの有償ボランティアとしての参加が可能なだけの補助金を自治体および社会福祉事業を行っている財団から得ることができました。今後は、介護保険の総合事業の枠内や、地域の社会福祉法人、NPO法人、会社組織、任意団体などが諸制度を活用することが増えることが予想されます。ただし、カフェの運営を自由にするために、制度の枠内ではない形で継続したいと考える人も少なくはなく、独立採算や、企業のCSR的事業、社会福祉法人の地域貢献事業などで実施をしていく形もあるだろうと思います。

●カフェの広報

・「カフェを必要とする人にどのように知らせ、誘うか」
・「来店者はどのようにしてカフェを知るか？　周知方法は？」
・「居場所を必要としている人は沢山おられると思うがなかなか来れない。来ていただく方法は？」
・「『認知症カフェ』という呼び名がいいのかどうか」

認知症カフェのことを地域の住民や来店者候補に知らせるには幾つかの方法があるでしょう。どのような認知症カフェをめざすかによって異なる点もあると思いますし、ここでは、代表的な方法を列挙しておきます。著者が想像する以外の方法もあるかもしれません。

・市民新聞や回覧板、新聞折り込み広告で周知を図る。
・地域包括支援センター、薬局、医院、病院、介護事業所、社会福祉協議会などにチラシを置かせてもらう。
・インターネットのホームページ、フェイスブック、ツイッターなどで周知を図る。
・スタッフが所属する病院、医院、居宅介護支援事業所などで直接お知らせする。

・地域に詳しい新聞社に取材してもらい記事にしてもらう。

広報を行うとき、認知症カフェであることをどの程度明示しておくか、運営者の悩みどころです。「認知症カフェ」であることがきるだけわかりにくいように周知を図るカフェもあります。地域の人々に認知症に対する理解が乏しく、偏見も強くて、認知症の人が集まる場所だとわかると人が集まらないので、できるだけ目立たないようにして、チラシを作って公共機関などに置くものの、実際は口コミなどで来店者を募るというようなケースです。一方で、はっきりと認知症カフェであると明記して周知するというカフェもあります。認知症に対する偏見が強くても、「認知症カフェ」として周知を図ることで、「認知症のカフェってなにかな?」と興味を持ってもらい、認知症という言葉になじんでもらおうという方針でもあるようです。「認知症」という言葉と「カフェ」という言葉の持つギャップのようなものを示すことで、関心を持つ人も多くなるかもしれません。

著者らが運営していた上京カフェでは、各所に配布、配架していたチラシに認知症カフェとは書いていませんが、その内容のところに「オレンジカフェとは　認知症を知ることができる、認知症になっても気軽に立ち寄れる、仲間と情報交換ができる、認知症の相談ができる、そんな場所です」と記載していました。それでも、「認知症の人が、みずからそのような場所にはいかない」という意見もあるでしょう。しかし、第2章の病識の説明のところにも記載しますが、みずから足を運ぶ人も1割程度、割合は少ないですがおられます。第4章にも認知症の早い段階ではみずから外来に来られる場合があることを記載しています。軽度の認知症の状態では、最初から1人で来られる可能性は減りますが、何度か家族と一緒に来るうちに1人で来られる場合もあります。その他、家族や友人と連れだって、地域の催し物として参加される場合もあります。

「認知症カフェ」という呼び方について、時々、「どうも認知症カフェという言葉は好きになれません。もっと他の名前はないのですか?」という質問を受けます。「どうせなら、アルツハイマーカフェのほうがよいと思う」という意見も聞きます。そのときには、「カフェの名前そのものを認知症カフェとしているところも少数ながらあると思いますが、認知症カフェというのは行政用語であり、実際には私たちがつけているようにオレンジカフェであるとか、もっとしゃれた名前をつけているところもあります。広告文あるいはチラシ全体の中の一部に、認知症カフェであるとか、認知症についてなんでも相談したり話し合ったりできる場所ですよと、認知症カフェの役割を持っていることを知らせるかどうかはご検討ください」というようにお返事します。

有志で開催しているカフェの場合、市民新聞や回覧板を使って周知してもらうよう依頼をしても、好意的な返事をもらえない場合もあるかと思いますが、自治体や住民組織に信頼されることや、そのような組織とのつながりを徐々に学ぶこと自体がカフェの活動と思って、少しずつ道を開くことも大切です。そのような関係部署に繰り返し足を運んで、少しずつ知り合いになって、補助金のことも教えてもらったというような運営者の話を聞いたこともあります。逆に社会福祉法人、社会福祉協議会、地域包括支援センターなどで開催しているカフェの場合、本人、家族の参加が少ないが、医療機関から認知症の人や家族を紹介してもらうように頼みに行くのもためらわれるという話を聞くこともあります。その場合も、地域での多職種連携の会などを通じて、医療関係者と知り合いになって、一度、ミニレクチャーなどで実際にカフェに足を運んでもらい、参加者の紹介につなげるということが大切です。認知症カフェの活動をきっかけに地域のつながりが増えていくことは、とても意味のあることです。

●参加人数の調整

- 「利用される方が多すぎる場合はどうすればいいでしょう?」
- 「ふらっと立ち寄れるカフェにしたいけど沢山来られたら? などなど不安はあります」
- 「人数調整はどうしているのか、利用者数とスタッフの配置の際、利用者数がとても少ない日はスタッフはどのように対応/配置されるのでしょうか?」

認知症カフェの運営で難しいことは、「行列のできる店」にはできないということです。ずっと立って待っていてもらうわけにはいきません。もし来店可能な人数より多くの来店希望者があった場合、中長期的には、そのような店を増やす努力をするしかありません。さいわい認知症カフェの数は増加し続けています。しかし、短期的にはそうも言っていられません。可能な限り、需要を予測すること、予想されるよりも多い席数を確保するように努めることがまずは大事です。その次には、カフェの来店者への広報その他で、カフェを最も必要とするであろう人を検討することです。地域の介護予防事業や、介護保険のデイサービス、他の介護者の集まりなどを利用するのが望ましいのではないかなど、認知症の人や家族にとってよい場所が他にないか、常に思い浮かべつつ、カフェの混み具合も考えながら判断していきます。コモンズカフェでは、来店希望が席数を上回りそうな日や時期は若年性認知症および前期高齢者のうち初期段階にある人にとっての社会資源が1番不足しているという考えで、問い合わせの連絡に返事をさせてもらっていました。

逆に来店者のほうが少なく、スタッフのほうが余分になってしまった場合、それはどんなレストランでも店でも起こり得ることですが、特にスタッフが有償の場合は赤字の傾向になるでしょうし、そうでなくても、スタッフが余る状態が続くと、スタッフのモチベーションが下がります。天候などで一時的に来店者が少ない場合は、日頃、実施する時間があまりないために行うのが難しいスタッフ同士の意見交換を行ったり、地域の探索に出かけたりして、余った時間を有効に使うようにしていました。

●カフェと地域資源の連携

・「関係機関、特に医療、ケアマネジャー、地域包括との協力関係は?」
・「主治医、ケアマネジャーとの連絡、情報交換の方法は?」
・「情報提供などはどうしているでしょうか?」

カフェの運営方法によっても大きく変わってくると思いますが、認知症カフェの運営にとって、この点は大事なことです。認知症カフェは、認知症ケアパス（第4章）でも示すとおり、地域のフォーマルな資源（医療、介護、社会福祉協議会、自治体、地域包括支援センターなど）とインフォーマルな資源（高齢者サロン、民生児童委員、認知症サポーターなど）の接点にある資源であることと、その場で診断や介護を行うのではなく、くつろげる環境の中で情報提供や語り合いを行う場であることから、正式な書式をもって他の機関と情報のやりとりをするという形態は固まってはいません。しかし、情報交流の接点になる場所という側面は持っています。

代表的には3つぐらいのパターンがあると思われます。

ひとつめは、カフェを実施している機関と、医療機関や地域包括支援センターが同じ主体であるか、密接な関係を持っている場合。このパターンでは、カフェのスタッフが、その主体から参加している場合が多く、カフェでの様子は、その主体となっている機関に伝えられるでしょうから、その他に情報提供する必要がある場合は、そこを通じて、連携が行われます。

2つめは、カフェが地域の医療・介護等関連機関により共同で実施され、スタッフがそれぞれの機関から参加している場合。1つめの形に似ていますが、それらのスタッフを通じて、連携が行われます。ただし、1つめの場合と異なり、カフェと個々の機関との関係がゆるやかであったり、たとえば医療機関との関係の場合、地域の医療機関も複数ある場合が多く、来店者のかかりつけ医にまで、情報連携が進むかどうかは、難しい点があります。この点、地域包括支援センターや認知症初期集中支援チームがカフェと密接な連携を持っていると、地域の医療機関との連携が必要な場合、そちらから情報連携を行うことが可能になります。

3つめは、地域密着型の施設や社会福祉法人、家族会などが主体の場合。もともとは医療機関や地域包括支援センターなどとの連携が弱い場合もあると思いますが、認知症ケアパスの理念に沿って、地域の様々な資源と連携を行っていくことが望まれます。最近では地域ケア会議や地域の認知症多職種連携の会などを通じて、顔の見える関係を構築する機会は少なくないので、少しずつ接点を広げていきましょう。反対に、1つめのパターンの中で医療機関が主体の場合は、地域の介護、福祉などとの関係が弱い場合があるので、この場合も、地域の多職種連携の会などを通じて、顔の見える関係を構築していく必要があります。

これらの中での課題として、カフェのゆるやかさと診療報酬、介護報酬という点にもつながる情報提供の枠組みをどうするのか、また、カフェの活動がまだまだ日が浅い中、カフェとの情報交換について、どのように関係者に理解を持ってもらうかなど、引き続き検討していかないといけない点がまだ多くあります。認知症カフェの意義を明確にしていくことと、地域の諸機関との関係性の構築については、両方から徐々に理解が進んでいくことを期待しています。カフェとしても、その活動を講演会や会報などを通じて、広げていくことが必要です。

●通う範囲や場所の選びかた

- 「開設を計画中のカフェが交通の便の悪い施設なので、場所の選びかたについて悩んでいます」
- 「電車やバスを利用して来られている方がいたが、それぞれの人の地元での運営など考えているでしょうか？」
- 「ホールのような場所で行う際のプログラム、メニューに悩み、毎回なにをやったらいいんだろう？　と悩んでいます」

カフェの場所については、高齢者が多いことや、認知症の人が1人で来られる場合もあるので、ある程度、わかりやすい場所、一般の人にもなじみのある場所、交通の便がよいところなどが望ましいと考えます。その他にも、ときには小グループで相談を行うという目的で、空間を区切ることができる場所を選ぶのもよいかと思います。しかし、地域によってはそもそも交通の便が悪いというところもあるでしょう。各地のカフェの様子を聞いていると、施設や社会福祉協議会の自動車を使って送迎している場合や、地域のボランティアやＮＰＯ法人などで送迎を行っている場合がありますので、そのような活動と組み合わせて行うことを検討しましょう。

カフェの場所の料金については、通常のカフェの場合も、場所代というのが支出の大きな項目ですので、大事な検討項目ですが、認知症カフェは、開催が月１回や週１回であること、予算が限られることなどから、料金の安い場所を借りるように知恵を絞る必要があります。予算に余裕があれば、そのようなことを考えずに、条件のよいところを選ぶことができればよいですが、そうはいかない場合のほうが多いと思います。具体的には、自治会館などの公共スペース、小学校などの教室などを自治会や学校と相談して使う場合や、空きスペースやレストランなどの休み時間の利用などについて、交渉するのもひとつの方法です。場所探しを通じて、地域の支援者と出会う場合もありますので、そのような意味あいも考えて場所探しをしましょう。

２つめの質問は、交通の便であるとか、場所探しというだけでなく、どの程度の範囲から来店者があるのが望ましいかという別の課題とも言えます。この点については、幾つかの論点があります。まず、若年性認知症の人であるとか、レビー小体型認知症の人のように同じ病気の状況にある人が少ない場合、小学校区や中学校区という範囲では、数が限られていて、仲間を探したり、同じ状況について相談したい場合などのニーズが満たせない場合があります。そのようなときには、状況に応じて、広い地域が対象になる場合があります。次に、家の近くのカフェには行きたくないという人もおられます。近所には知られたくないとか、近所の関係とは別にくつろぎたいなどの理由です。また、普通の喫茶店などでもそうですが、自分の気に入った店が近くにはないという場合もあります。カフェのよいところは自分の好みに合わせて選べるという面でもあることから、その点でも交通機関を使ってでも通うということもあってもよいだろうと思います。一方で、地域づくりの手段として地域にカフェを作るという場合、地域の住民を中心に（あるいは地域の住民だけを対象に）カフェに来てもらいたいということもあるでしょう。どちらにもそれぞれの意味合いがありますので、運営者の意図や、地域のニーズなどを考えて選んでいけばよいだろうと思います。

3つめの質問については、カフェを開催することになった場所の使い勝手によって、どのようなカフェの内容にするのがよいかという問いかけですが、できれば、自分たちがこのように運営したいという考えがあって、それに適した場所を探すのが理想的です。そこそこの人数が入ることのできる場所が、映画館のような階段状の座席しか配置できないような場合は、また1から場所探しをするしかないかもしれません。いろいろと探した結果、自分たちの思ったような場所ではないということもあるでしょうが、パーティションの工夫をするとか、テーブルの配置を考えるなど、ある程度の範囲で模様替えを行うことは可能かと思います。どうしても場所がうまく合わない場合は、場所に合わしたプログラムを考えだすしかないかもしれませんが、条件が限定されてしまったなりに知恵を絞ることで、面白い道が開けるかもしれません。

●年間の取り組みや、実施記録・個人記録

・「年間の取り組み計画は？」
・「実施記録や利用者個人の記録の取りかた、残しかた、活用法などは？」

コモンズカフェは、ある意味では、普通の喫茶店と同じくコーヒーを味わう日常の場ですので、カフェとしての年間の取り組みはありません。一方、オランダのアルツハイマーカフェや上京カフェのような月1回型のカフェでは「催し物」的な要素も入ることと、原則月1回、1年に10回などの開催になるので年間の見通しというものがあります。ミニレクチャーや音楽の生演奏など、前もって依頼しておくことも出てきますし、1年単位で繰り返す部分や変更する部分などを決めるためにも、上京カフェでは年間計画を立てることにしていました。予算の見通しについてもですが、この点については、コモンズカフェでも年間計画を立てていました。この他にスタッフの新規募集、スタッフのフォローアップ研修やカフェの様子を地域などに周知するための講演会などの年間計画は検討しておくのがよいと思います。多くのカフェで、活動がはじまってからの期間が短く、年間

計画の見通しを立てるところまでいかず、開催ごとに模索しているという場合もあるでしょう。実際、著者らもカフェを開始した当初は、毎回手探りという状況が続きました。活動が一定期間経過し、少し見通しがつくようになった時点で、年間計画の立案を検討しましょう。

カフェごとの実施記録については、それぞれのカフェの運営上の力点によっても異なるでしょうが、主だった様子、スタッフから出た意見などを記録しておくことが望ましいと考えます。すべてのスタッフや運営メンバーが毎回出席できないこともあるので、申し送りや今後につなげていくためにも役立ちます。上京カフェのような出入り自由で、予約が必要ないカフェの場合、認知症について知りたいと思って参加している地域の人々の来店者も少なくないことなどから、個人記録は取ったり、残したりはしていませんでした。ただし、来店時、特に新規の来店者の場合は、受付で住所氏名を記載し、主だった来店の理由を受付からカフェの席を案内するまでに聞き取り、カフェタイムにどのスタッフが一緒に座るかなどの検討に生かしていました。また、主だったメンバーは、常連となっている来店者を中心に、おおよそのことは把握していました。住所氏名を聞き取っていたのは、必要に応じて、カフェの催し案内を送ったり、地域包括支援センターなどの訪問を検討するときに、どこの圏域かを把握するためでした。このようなことが必要かどうか、意味があるかどうかなどは、カフェの規模や来店者数、運営方針によって異なるでしょうから、それぞれのカフェでの検討が望まれます。

一方、コモンズカフェは、原則予約制でリピーターが大部分であったものの、毎回来店されるわけではないこと、スタッフも毎回同じメンバーで固定されているわけではないことなどの理由から、簡単な個人カフェカルテを作成していました。認知症ケアにおいては、接する上で、それぞれの人の生活歴、家族構成、趣味、得意なことなどを知っておくことが大切ですが、記憶すべきことは膨大な量になりますので、そのエッセンスだけでも時間をかけずに把握できるようにと苦心して考えました。認知症の人からもスタッフが替わるたびに病気のことなど何度も聞かれるのはおっくうだという意見を聞きます。このような点も、来店者数、リピートの度合い、スタッフの交代の度合い、スタッフの力量、運営方針などによって異なりますので、答えはひとつではありません。カフェごとに最終的には決めていくことになると思います。個人情報の観点での十分な配慮も必要です。

個人カフェカルテの例を示しておきます。

Aさん　76歳男性

・妻と二人暮らし、長女は隣町在住、出身はC県D市
・妻は6か月前、くも膜下出血で入院したが、その後元の二人暮らし
・元学校教師、塾講師を経て70歳で退職
・趣味は魚釣り、認知症発症前は図書館で新聞を読む日課があった

・既往歴として特に大きな病気はなかった
・交友は、学校の教師仲間など
・75歳のときに、B病院でアルツハイマー型認知症と診断
・以後、治療薬をもらい、通院継続中
・妻がくも膜下出血を起こしたとき要介護認定を受け要介護1
・妻が入院中にショートステイを利用したが、その後はサービス利用なし
・家庭内でのトイレ動作、食事などADLは保たれている
・交通機関を使ったり、買い物に行く場合は妻と一緒に行く

以上のような簡単な内容ですが、これだけの記載からでもカフェでの会話のきっかけになる多数のポイントがあります。また、本書の第4章などに記載してある病気の一般知識などから、どのような課題が現在、もしくは今後出てきそうなのか、また、どのようなことに配慮が必要かなど、記載していないことでもおおよそ想像することも可能です。ここでの質問に関係しますが、研修受講者のレポートには「個人カフェカルテがシンプルでわかりやすく作成されており、本人の好きなことや難しくなっていることがよくわかった」という感想もありました。

●小さなことへのこだわり

・「スタッフは名札を全員つけていましたが、利用者はつけられていなかったのは、なぜでしょう?」

・「散策の際に最前列と最後尾が離れてしまうことが問題点としてミーティングで議論されていたのはなぜでしょう?」

認知症カフェの運営には多くの論点があります。OJT研修受講者が発したふとした疑問点にも、様々な裏に秘められた議論があります。他にも同じような多くの議論の積み重ねの結果としてできあがったこと、そしてそれが、カフェに来た人の居心地のよさや活力の源になっていることもあるでしょう。その例として、この2点に答えておきます。

ひとつめの名札についての質問は、比較的想像しやすい議論です。カフェの規模や常連客の多少にもよると思いますが、カフェを来店者とスタッフに分けた場合、スタッフが名札をしているが、来店者はしていないというのは普通のことでしょう。コモンズカフェの場合は1回の来店者が多くても15人程度で、リピーターが多いため、スタッフが来店者の名前を覚えていることはさほど難しくないことも関係します。逆に、来店者は、常連であったとしても、スタッフの名前を覚えておくのは難しいこともあって、名札をしています。コモンズカフェの名札はよく見ると達筆の毛筆で書かれています。認知症の人で書をしたためているときが最も落ち着くという人に、スタッフが全員分、書いてもらったのです。しかし、カフェの規模や開催頻度によっては、スタッフが来店者の名前を憶えているのが難しいということもあり、来店者にも名札をつけて頂く場合があります。第3章に実践報告をしていただいた宇治のカフェでは、スタッフの名札にだけ小さなレモンマークが入っています。どのような素材のシールを名札に使うかも、カフェによって工夫されていると思います。

2つめの質問はカフェ後のミーティングで、スタッフ同士、今日の散策のときに、そのようなことがあったと議論が白熱していたことに対して、研修受講者が「散策のときにはマンツーマンでスタッフがそばにいるようにしているのなら、十数人規模の散策者が離れても大丈夫なのではないか、なぜそれが議論になるのか」という疑問を投げかけたものです。普通、散策はカフェからゆっくりと歩いて1時間ぐらいのコースを途中休憩をしながら歩きます。散策の際に、カフェとはまた違った交流が生まれるので、可能なら来店者とスタッフのマンツーマンではなく、それ以外の多様な交流ができるように列を伸ばさないほうがよいのではないかということも理由として挙げられます。認知症の人の身体能力や注意の持続力などにより、どうしても歩行の速さに差が出て、列が伸びることは毎回のようにあります。この「列が伸びないように」ということの最も大きな理由は、スタッフの力量によって、認知症の人の歩行や注意力の状態の把握に差があるので、安全を考えると、マンツーマンでペアを組むスタッフだけでなく、複数の、散策のときのリーダーのスタッフも含めた視線があったほうがよいということです。このような点も、スタッフによってはいろいろな意識があるので、繰り返し議論になってきました。あうんの呼吸でスタッフ同士の連携が生まれる源にもなっています。

●カフェでの見通しの立てかたや効果、サロンとの違い

・「支援計画などカフェでのケアプランはありますか?」
・「コーディネーター、協力者、専門職との意見交換のたどりつくところは、『本人だけでなく、家族の『想い』がどう変化していくのか』でしょうか?」
・「結果と変化の多くが成果として感じられるためには『なに』が必要なのでしょうか?」
・「サロン的な活動の中で認知症カフェとして機能するためにはもう少しスタッフの勉強会を広げていくことが必要と思う」

既に他の項で記載していることとも重なりますが、カフェの場で、6か月、1年先などを見通して、本人や家族が望むことやカフェでできることを立案しておくことが理想です。しかし、スタッフが個々に思い描くことはあっても、明文化したケアプランを作成することは著者らのカフェでも課題として残ったままでした。今後、全国的にもカフェの活動が展開される中で、認知症カフェと

してどこまで可能なのか、議論が行われたり、先進事例が示されていくかもしれません。

カフェの効果についての回答は本章の前半に大部分出てきていますが、カフェの場を通じて、認知症の人、家族、それぞれの「認知症とともに歩む姿」の変化がカフェを通じて見られます。それは決して、認知症を治すことにはならないかもしれませんが、認知症とともによりよく生きていくことに通じるでしょうし、そこにかかわるスタッフの意識や経験の変化もあわせ、地域包括ケアの深化につながっていくと思います。

認知症カフェと地域サロンとはどう違うのかという質問もよく受けます。地域住民が自主的に運営する場所として地域サロンの活動は広く普及しています。その中には、認知症についてよく理解し、実質的に認知症カフェの役割を果たしているサロンもあるでしょう。しかし、多くのサロンは、「認知症になると行きにくい場所」となっているという指摘があります。本書の各所で説明していますが、認知症という病気は、よかれと考えて助言したり支援することが逆効果になったり、排除につながったりすることが少なくありません。それを防ぐためにはスタッフが学びを重ねること、多様な医学的、ケア的疑問にも応えられるよう専門職（もしくはそれと同等の知識と経験を有している人）と連携していることが必要です。

最後に、質問には含まれていませんでしたが、サロンの質問とも関連して「認知症だけに特化したカフェが必要か？」という質問もよく受けます。幅広く考えると、子育て、障害なども含む地域の様々な課題がありますし、高齢期を中心とした疾患だけでも、うつ、閉じこもり、フレイルや、糖尿病、悪性腫瘍、心不全、ＣＯＰＤ、関節疾患など日常生活に影響する多様な疾患があります。確かにすべての病態、活動制限などに対する理解と支援が必要です。しかし、その中でも認知症には、偏見の強さや疾患としての理解の難しさ、そして、そのようでありながら、人数がとても多いという点があります。認知症のケアで有名なパーソンセンタードケアという言葉にも表わされるように、「その人を中心としたケア」という原理は人間について深く考える機会をもたらし、認知症ケアを通じて、結果的に、認知症だけではない障害や暮らしにくさに共通の理解も醸成していくことになるのではないでしょうか。ただし一足飛びにそこに進むのではなく、認知症というひとつの大きな課題と向き合うことは大切です。新オレンジプランの最後にも「認知症高齢者などにやさしい地域は、決して認知症の人だけにやさしい地域ではない。コミュニティの繋がりこそがその基盤。認知症高齢者などにやさしい地域づくりを通じ地域を再生するという視点も重要」と記載されています。

2

学ぼう！
認知症カフェスタッフとしての心得

認知症カフェのスタッフとしての学びを深めていくことは、俳句やコーラス、スポーツなどの学びを深めたり、練習を重ねたりすることに似ていて、学びと体験を繰り返すことが欠かせません。認知症カフェのスタッフとしての学びは、認知症のことをよく知ること、そのものに通じていきます。

ここに出てくる項目は実際にカフェに参加してみないと実感できないことも多々含まれています。カフェスタッフ研修として用いる場合は、最初のスタッフ登録時研修のときなどに、項目を理解し、カフェでの仕事を行う中で何度も振り返って下さい。3か月、6か月と経験を重ねる中で身についていくと思います。

この章は4つの部分が成り立っています。最初に認知症の本人とのかかわり6項目、そして次が、認知症の人の家族とのかかわり5項目、3番目が、本人と家族双方へのかかわり2項目、そして最後が、その他の一般的なこと6項目です。これら19項目を一覧表のようにして、まったくできない、少しはできる、ある程度できる、ほぼマスターしているの4段階などに自己採点できるようにしておくと、6か月ごとに達成度をチェックするなど、目安にすることも可能です（章末ページ参照）。

認知症についての学びを深めることは、人の考えること、生きることの不思議、家族や地域のこと、人生のことを学ぶことにも通じます。

認知症の人とのかかわり

●「介護してあげる」という一方的な気持ちではなく、友人として一緒に楽しもうとしていますか？

認知症という病気を持っていても、その人の個性や経験、知識から学ぶこと、話し合ってお互いに気づくことは沢山あります。そんなとき、「1人でコンビニに行くとお金が出せないから、誰かついて行ってあげて！」という発言、どこか、「介護している」という視点になっていませんか？

ボランティアスタッフとして動こうとするとき、多くの人はついなにかをしてあげたいという気持ちになると言われています。しかし、認知症カフェでは、認知症の人やその家族とスタッフとの関係は支援する人・される人ではありません。カフェで出会って交流する、同世代を生きる人間同士の関係です。認知症という病気を持っていても、その人と交流したり、学ぶことは沢山あります。

たとえば、私たちのカフェでも、長年会社の人事畑で仕事をしていた人がいました。彼は、認知症の症状が徐々に深まり、1人では近所に出かけることも難しく、家に閉じこもる生活が続いていましたが、カフェで出会った学生ボランティアに就職についての心構えなどを上手に説き聞かしたりするうちに本来の自分自身を取り戻していきました。学生ボランティアは学生ボランティアで有益な情報を得ていました。ときには、学生ボランティアがどう接するのがよいか迷った挙句、自分自身の悩みを語ることもありましたが、うまく受けとめてもらっていたようです。このような認知症の人との関係は、学生ボランティア相手だけでなく、熟年のボランティアに対しても、専門職のボランティアに対しても言えることです。認知症の人やその家族が認知症カフェに対して、なんらかの支援を求めていることは確かですし、カフェのスタッフもそのために学習を積み重ね、認知症カフェとしての心遣いを行っていますから、支援する人・される人という支援の方向性が生じてしまいそうになるのは確かですが、「カフェは双方向性を持った場である」という基本を忘れないようにしましょう。そうしているうちに、スタッフ自身が多くのものを得ていることに気がつくことでしょう。

●遠隔記憶（昔のことなど）と近時記憶（最近のことや10分前のこと）の違いを理解して、本人と会話をすることができますか？

認知症カフェに来店される機会の多いアルツハイマー型認知症という病気では近時記憶障害が

最初に出てくることが多いですが、会話しているだけでは、そのような障害に気がつかないぐらいです。しかし、そんな会話の流れの中で、「この前も、御所に散策に行ったとき、桜が綺麗でしたよね！」などと話したり、「この前の日曜日はどこに行っていたんですか？」とか、「さっき、その話、しましたよね」などということを、つい言っていませんか？

普通の会話のキャッチボールが可能な初期のアルツハイマー型認知症の人に対して、近時記憶の部分が弱いということに慣れるのには、ある意味でトレーニングが必要です。医師や看護師でも認知症の人に専門的に接している人以外は、この近時記憶が抜けていることに思いが及ばず、本人に対して「この薬は1日2回ですから、忘れないように服用してください」と笑い話のようなことを言ってしまいます。日々接している家族でも、その場で理解することと、それを記憶していることをなかなか飲み込めないことが見られます。一方で、それを聞いている認知症の本人にとっては、5分、10分前に聞いたこと、あるいは自分で話をしたことでさえも記憶の貯蔵庫に入っておらず、相手がなぜそれを「今」、持ち出してきたのか、文脈がつかめないわけです。これはスタッフとしては、納得できるまで経験を重ねることが必要です。新しいことの記憶でも１００％忘れるわけではなく、印象的なこと、本人の興味があることなどを中心に、1割ぐらい記憶されていることもあります。この割合はそれぞれの認知症の人によって異なります。

認知症の代表的な疾患であるアルツハイマー型認知症の場合、近時記憶障害が初期から出てきますが、他の認知症では、近時記憶が比較的保たれている場合があります。また、アルツハイマー型認知症の場合でも、若年性アルツハイマー型認知症の場合や、比較的近時記憶が保たれる状態の人もいます。それぞれの病気、重症度、病態に応じて異なるのだなということは念頭に置き、それぞれの人での近時記憶障害の程度に応じて接することを会得して下さい。

近時記憶障害は慣れるとそうたいした障害ではないと思えるかもしれませんし、それによって、その人の価値が損なわれるものではないという理解に達することは大切ですが、近時記憶障害の有無というのは、その人の価値に大きな影響を与えるのも事実です。10分前に説明を受けたことや、自分自身が語ったことを忘れている人は、通常の社会生活場面で信用を失うのは明らかです。このようなことを言いつつ、近時記憶障害の有無で人としての価値に違いはないというのは矛盾かもしれませんが、認知症という病気を念頭に置いた場合、そのような矛盾を受けとめていく必要があります。

●疾患の種類や重症度を意識して、本人へのかかわりや会話、助言、同行ができますか?

認知症には認知症を来す主な疾患だけで4種類あります。それぞれの認知症には特徴があり、たとえば、脳血管性認知症では、感情が揺れ動きやすいことや、失語症状があって、会話がうまく運ばない場合があります。また、最も多いアルツハイマー型認知症の場合、軽度の段階と、中等度の場合、会話ではいっけん違いがなくても、トイレ動作や靴を履くときなど、様々な動作のときに行うちょっとした見守りの程度に差が出てきます。慣れたところでの交通機関を使いこなせるかどうかも、軽度認知障害（MCI）、軽度、中等度で大きく変わってきます。病気自体の個人差もありますし、もともとの性格や生活史も影響しますので、かなり多くの状態を想定する必要がありますが、病気の種類、重症度という大きな軸をまず理解し経験を積んでいきましょう。

疾患の種類が主なものだけで4つ、重症度が5段階（第4章）あり、それだけで20通りの状態があることになりますが（実際にはアルツハイマー以外の認知症では細かな病期分類は行われません）、疾患の頻度として、アルツハイマー型認知症が5割前後を占めますし、脳血管性認知症の場合、半身麻痺などを伴うこともあってカフェに来られる頻度が少ないので、まずカフェで出会う可能性の高いアルツハイマー型認知症について理解しましょう。アルツハイマー以外の認知症については、重症度のあとに記載しますが、カフェでのかかわりも疾患によって異なる場合があるということだけをまず心得ておきましょう。

重症度については、重度、最重度の場合は、介護施設でケアを受けておられる場合が多く、カフェで出会うことは少ないので、まずはMCI、軽度、中等度（第4章）について、理解しましょう。

MCIの場合、基本的生活動作はもちろんのこと、手段的日常生活活動についてもおおむね1人でこなすことが可能です。電車など交通機関の利用、買い物、調理、お金の出し入れなどといった活動が可能ということです。一方で、記憶についてはおおよそのことを覚えていても、細部で大事な点が抜けていることがあったりしますので、記憶が不完全な場合があることは心得ておきましょう。本人を尊重しないことに通じてしまうかもしれませんが、本人以外の家族や、カフェでの出来事であれば、直接本人とかかわったスタッフにも確認するなどして、必要なことについては、第三者からも情報を得て、補完することも考えます。MCIの状態によっては、記憶は比較的保たれているけれども、調理器具など道具の使い方が不完全になるとか、道順の把握ができなくなるなど、記憶以外の認知機能に低下が見られる場合もあります。

軽度の段階では、手段的日常生活活動を1人で行うことが難しくなってきます。カフェに通うということについて、交通機関を使う場合、慣れた場所や近くであれば可能な場合もありますが、少し複雑になると困難さが生じてきます。家の近くのバス停まで誰かが見送り、カフェの近くのバス停で誰かが待っているなどの配慮があれば可能になる場合もあります。タクシーを使う場合も、誰かが予約を行い、家から行き先を伝えて送り出すなどの工夫が必要です。カフェでお金を支払う場合も、自分で釣銭勘定を行うとか、財布をカバンのどこに入れたかなどで戸惑いが生じる場合があります。さりげなく、できないことを補完し、できることは本人に任せるというような形の見守りが大事です。会話の中でも、同じ話の繰り返しが多くなったり、既に話をしたことを忘れてしまっていたりということが増えてきます。同じ話の繰り返しがあると、家族は日々の生活場面で「さっきも言ったでしょう」と言ってしまいがちですし、カフェに来たときも、その延長線上で、同じように対応しがちです。カフェのスタッフでも、つい何度か聞いたということが表情にあらわれ、本人がそれを察知して、本人自身が戸惑うこともあります。具体的にどう聞けばよいという研究データなどは著者の知る範囲ではありませんが、同じ話だと思っても、3分程度の短い話であれば数回、10分程度のやや長い話であれば2回程度は聞くというつもりは持っておきましょう。出会う日が異なれば、また同じような繰り返しになる場合はあります。何度でも忍耐強く聞くことができるという場合は、そのようにしてもよいかもしれませんが、聞くほうにも気分転換が必要ですので、本人が興味を持てるような話題を別に提示してみたり、ちょっとしたゲームや散策などで場面を変えるのもひとつの方法です。本人が認知症を持つなりに自分の今の状態に安心できれば、同じ話の繰り返しが減るときもあります。

次に中等度の段階になると、アルツハイマー型認知症の場合、近時記憶や計画的に物事を行うための認知機能だけでなく、簡単な道具の使い方がわかりにくくなることが出てきます。コーヒーに砂糖やミルクを入れる順番であるとか、トイレの使い方などがわかりにくくなってきます。家族が一緒の場合は、トイレは家族に付き添ってもらうなどの相談が前もって必要かもしれません。トイレは本人が男性か女性か、付き添うのが男性か女性かとか、慣れた場所かそうでないかなどによっても変わってきます。椅子への座り方というような何気ない動作でもうまくいかない場合がありますので、何か難しそうな動作があれば、ボランティアスタッフの場合は、専門職に質問したりしてみましょう。基本的な日常生活動作の他、記憶にまつわること以外に言葉でのコミュニケーション自体が難しくなってくる場合もあります。スタッフや他の来店者の話していることについていくことが難しくなったり、本人が話している内容が、なにを言おうとしているか、理解が難しくなることが出てきます。認知症カフェの利用と認知症の重症度について明確な線引きはありませんが、日本では中等度認知症の時期には介護認定の要介護1、2に認定されることも多くなりますので、介護専門職のいる介護保険サービスに移行するということも大事な選択肢です。

脳血管性認知症の場合、どのような脳梗塞、脳出血が起こったかによって症状にも大きな差があります。片麻痺という左右いずれかの半身麻痺を伴う場合でも認知機能には異常がない場合もあります。失語症というのもよくある症状ですが、失語症の中にも、話すことが難しい場合と理解することのほうが難しい場合などがあります。話すことが難しい場合、理解することも難しいと感じてしまう場合がありますが、話すことだけは難しいが、こちらの言うことは理解できる場合もあります。一方、手足にも言語にも障害がないけれど、近時記憶や自分でなにかを行おうとする意欲が低下している場合などもあります。これ以外に、歩行バランスが悪くて転倒しやすい場合や、食べ物を飲み込むための嚥下の働きが鈍っている場合もあるので、歩行や飲食の際に気をつけることが必要です。このように脳血管性認知症では、その人の障害部位やその程度によって差がありますので、本人の様子をよく知っている家族や、専門職に状態を尋ねるなどして、本人の様子を把握しておきましょう。

レビー小体型認知症の人の数は統計によっても違いがありますが、認知症の人の中の5～10％程度ですので、カフェの来店者の10～20人に1人程度ということになり、少数派です。少数派ということは、スタッフの中でも慣れている人が少ないということになりますし、本人にとっても家族にとっても仲間を見つけるのが難しいということになります。そのような少数派ならではのニーズの満たされなさがありますので、そこへの配慮は必要です。他のカフェに同じような病状の人がいれば、そちらのカフェに行ってみるように情報交換を行うなどもひとつの方法です。

レビー小体型認知症について、その他に配慮する点としては、特徴的な症状として幻視やいかにも見てきたような妄想などがありますが、薬などで軽減していて、カフェに来られるときには目立たないこともあるかもしれません。幻視や妄想が残っている場合は、家族や専門職に尋ねて、どのように接するのがよいか気をつけます。認知機能的には、近時記憶が比較的保たれていて、「もの忘れが認知症」と思っていると、意外に感じることもあるかもしれません。記憶がどのように保たれているかを見極めながら、本人にとって快適なように会話を進めましょう。また、レビー小体型認知症では、パーキンソン症状という小刻み歩行や手の震えが見られることがあり、その他に立ちくらみ（起立性低血圧による場合が多い）などもあるので、歩行や立ち上がりのときに転倒しないよう配慮しましょう。

この他の頻度が少ない疾患でも適切な専門職などと相談し、自分たちのカフェの対応能力なども考えて、来店が可能かどうかなど判断し、本人・家族とも相談するのがよいと思います。

●病識の有無や程度を理解して、本人へのかかわりや会話などができますか？

認知症の初期の頃は、自分が認知症であると認識している人と、そう認識していない人がいます。極端に言うと、認識ゼロの人もいれば、100％認識している人もいます。認識の高い人は、自分が認知症になっていること、自分の記憶が消えていくことに、大きな不安を感じていたり、この先、自分の病気がどうなっていくのか、深く心配したり、悲しむ気持ちも持っています。一方で、認識がゼロに近くなるほど、自分が認知症という病気であるという心の痛みは少ないようですが、なぜ自分が認知症という病気で特別視されるか理解できません。病識0～100％まで

の幅の中で、照準をあわせて接することが必要です。

この病識については記載した通りで、一般的には早い段階のほうが自分でも病気を感じやすい傾向にはありますが、比較的早い段階でも人によって差があります。脳の中の病気の変化が及んでいる部位による差と考えられていますが、メカニズムが十分にわかっていないところもあります。ただ、現実に起こっていることとしては、そのようなことがありますので、接するときの配慮と、接する側の納得が必要です。

実際には、病識の高い人には、記憶が失われたり、認知症という病気から来る不安に寄り添うケア（忘れるという不安の訴えに対し、「ある程度の年齢になれば誰でもそれぐらい忘れる！」という返事はNG）が必要ですし、病識の低い人には、その人自身は自分が認知症であるということに気がついていないので、それを意識させない、病気があってもそのときを楽しめるケア、病識のなさを苦痛に思う家族に寄り添うケアなどが求められます。

病識に似ていて少し紛らわしい点に、防衛機制というのがあります。簡単にいうと自己防衛とも言えます。つまり、もの忘れの指摘があったとき、「私は忘れたりなんかしません！」という答えが返ってくる場合として、ひとつは病識そのものがない場合、もうひとつは、薄々自分も忘れることに気が付いているのだけれど、忘れるという指摘にプライドが傷つくので（病識が低下している部分も多少は加わって）「忘れません！」という返事になっている場合です。これが「防衛機制」です。自己防衛の場合、周囲の人が言葉遣いに気をつけたり、本人に安心感を持ってもらえるように接することで、「実は、自分でも記憶に自信がなくなってしまって」という自分のもの忘れを情けなく思う心情を聞かせてもらえることもあります。これも経験せずに想像するのは難しいので、認知症の人と接する中で会得し、上手に接することにつながればと思います。

●本人の得意なことや興味があることを引き出すことができますか？

認知症になると、自分がどんな自己資源（得意なこと、有意義な経験）を持っていたか思い出せなかったり、自信喪失なども重なってそれを生かせる機会がなかったりもします。また、そのような中で、自分がどんな興味を持っているのか振り返ることさえも減ってしまいます。それぞれの人にはそれぞれの体験が宝箱のように、あるいは博物館のように秘蔵されています。自然な会話の中や、散策など少し場面を変えた会話や動作の中から、あるいは、スタッフ自身が自分の体験や経験を話したり、その人の経歴を聴くことなどから記憶の糸をたぐることによって、得意なことや興味を引き出すことができるはずです。どんな人にも、それぞれの鉱脈があります。あなた自身の健康法や病気への対処法を教えこもうとするようなことは望ましいことではありません。

あなた自身の経験を披露してみることは構いませんし、そこから相手の興味が引き出せる場合もあります。しかし、多くの場合は、相手に寄り添う中から相手の自己資源や興味は湧き出してきます。

認知症になると、外出の機会が減ったり、約束ごとを忘れるかもしれないなどの漠然とした不安があり、生活が縮小していきます。そうなることで、余計に自信がなくなり、社会とのつながりが減るという悪循環をたどります。認知症のＢＰＳＤの中で、興奮や妄想、不安などよりも多いのが「無為」という症状です。とても活発に習い事などに出かけていた人が、家の中でぼんやりと過ごしている様子などが見られます。この無為にも大きく分けると2種類あって、ひとつは病気そのものの症状でどのようなきっかけがあっても活気を取り戻しにくい発動性の低下とでもいうものがある場合、もうひとつが、見せかけの無為とも呼べる状態で、少しの支援があれば、完全にとはいかなくても、その人らしい活気を取り戻せる場合です。多くの場合、特に初期の場合は、見せかけの無為であろうと考えられます。

では、どのように、見せかけの無為の状態になっている人を支援できるでしょうか？　そのときに基本となるのは、その人自身が自分では意識できなくなってきているその人らしさをカフェスタッフ自身が思い描くことです。その人自身が語ることや、家族などその人を知っている人から聞いたこと、その人や家族が断片的に語ったことから想像できることを本人に提示してみて得られる反応などから、その人らしさを思い描き、対話を通じて完成していくことです。上手に行えば、本人にとってもスタッフにとっても楽しい作業になります。このようなとき、手掛かりになるのは、本人の趣味や特技、人生の中で熱心に取り組んだこと（仕事や子育て）、学生時代、幼少期、父母の思い出などです。大きくまとめると生活史ということもできます。最近の出来事の記憶（近時記憶）には自信がなくなっているので、認知症の人にとって自信をもって語れる内容を話の基本にすることは大事です。認知症の人が若かりし頃に使った道具や聞きなれた音楽などを通じてその人らしさを理解していくこともあります。体系的に確立された方法として回想法という形で実施する場合もありますが、先に記載したような線に沿ってカフェやそれぞれの場面で対話を進めれば無為につながる悪循環をリセットできることが多いと思います。

また、傾聴法ということにも通じますが、プライベートなことを詮索しすぎないこと、本人が思い出したくない記憶に深入りしないことなどには注意が必要です。本人や家族との対話、カフェのスタッフ同士などの会話の中で、詮索や想像をしてしまう場合が出てきてしまうことがありますが、あくまでも、認知症による見せかけの無為を取り除くことが目的ということを忘れないことが大切です。専門職は職業的訓練の中で守秘義務というものを身につけますが、市民ボランティアにも研修の中で守秘義務のことを伝えています。

認知症は多くの場合、高齢期に発症し、75歳以上に発症のピークがあります。そのような高齢期は、人生の山登りの中では、頂上に近いところから山裾を見渡し、これまでの人生を振り返る時期でもあります。若い専門職や学生ボランティアなどにとってはまだ先に見える頂上であるため、山頂からの風景に思いを馳せることは難しいかもしれませんが、心理的な立ち位置が異なることは意識しておきましょう。シニアボランティアにとっては、共通意識を持てる点かもしれません。

●本人の不安感を意識し、安心を与えるような会話やかかわりができますか？

会話をするとき、ちょっと振り返ってみて下さい。一度に沢山のことを話していませんか？しゃべるスピードが早すぎませんか？　相手が理解していることを確認して話をしていますか？夢中で甲高い声を出していませんか？　スタッフ同士での会話が弾んで、認知症の人を置き去りにしていませんか？　会話の複雑さや声のトーンなどの調節も大切です。必要なときに必要なだけ、自分の会話を振り返ってみて下さい。また、相手がどれぐらい会話に参加しているか、注意して下さい。会話の中にも近時記憶、言語機能、概念的思考など様々な認知機能が関係します。カフェでの会話術の練習を重ねて下さい。

初期の認知症の人や、それよりも少し認知症が重くなっても、ちょっと話をしている間は、まったく問題がないように感じられます。そのため、カフェでの会話などで、特に病気のことなど考えずに会話が盛り上がってしまう場合があります。カフェでの会話では、本人とスタッフの2人、あるいは複数の本人とスタッフ1名、逆に本人1人にスタッフ複数名などでの対話になります。最も気をつけないといけないのは、スタッフ複数名と本人1人もしくは本人も複数名のときです。認知症の人は、記憶力が低下しているので、いくつもの話題が進行していくと、会話の流れを見失いがちです。会話の流れについていけなかったり、自分が同じ話の繰り返しをするのではないかと不安になって言葉数が少なくなったりする可能性があります。そのため、スタッフは、認知症の本人にとって会話の流れが速すぎないか、話題に十分に入ってくることができているか、本人の発言回数や量が保たれているかなど様々な配慮が必要です。

認知症の症状は幅が広く、記憶の保たれかたも人それぞれですし、言葉（しゃべること）の流暢さや、話の理解力も様々です。しゃべることについては、単語を思い出すことが難しく、「あれ、それ」がとても多かったり、一つひとつの音につっかえながら話すことがあったりします。病気が重くなってくると、つじつまの合わない話が増えて、いつの時代の誰の話をしているか脈絡がつかめない場合もあります。そのようなときも、話を聞いているほうが、本人の生活史を知っていたり、家庭生活の状況を想像できると、話の大筋が把握できる場合も少なくありません。また、話を理解するスピードが落ちている可能性も考えておきましょう。そして、「理解すること」と「記憶すること」は認知機能として別であることも心得ておきましょう。その場その場で会話のキャッチボールが成立し、楽しくやりとりができることと、それを3分後、10分後まで覚えていることは脳の中では別の作業になります。覚えている程度によって、それぞれに会話が楽しめるよう、本人らしさが発揮していけるように会話を進めましょう。

会話が弾むことについては、このような注意が必要ですが、もう一方で、認知症と診断を受けた知人と「どのように話せばいいのかわからない。躊躇して声をかけられない」という声を聞くことがあります。カフェでの会話でも同じかもしれません。カフェスタッフとして参加しはじめると、すぐに認知症の人と話す機会がありますし、慣れたスタッフの見守りもある中で何回も話すようになるので、徐々にわかると思いますが、話しかけることにはまったく躊躇する必要はありません。ただし、同じ話の繰り返しになったり、同じ質問に何度も答えないといけないようなとき、会話の相手として最初は戸惑うでしょうし、自分の戸惑いが相手にも通じてしまうことを不安に思ったり、いろいろと考え出すと、話すのをためらってしまうかもしれません。そういう意味でも、カフェでのスタッフ研修のような形で、認知症の人と会話する上での注意点を理解していきましょう。同じ人でも、数か月から1年の時間経過の中で症状にも変化が出る場合も多いので、認知症の度合いによって必要があれば話し方を考えていきましょう。スタッフ一人ひとりでは迷う場合もあるでしょうが、スタッフミーティングなどで他のスタッフと共有することで、適切に合わせていくことができるようになると思います。

認知症の人の家族とのかかわり

●認知症の人を見守る家族の気持ちを理解し、家族が話したいと思えるような傾聴ができますか?

認知症の人の家族に接するときに最も基本になる技術です。自分自身で介護の経験がない場合は、ザリットの介護負担尺度評価表(章末)などを見て、家族として認知症の人を見守る中で生じてくる様々な精神的負担や経済的不安、介護者自身の生活の中での介護、自分の家族が認知症になったことから来る現在や将来の不安などを想像してみて下さい。その上で、個人個人の価値観や対処法の違いがあることも肝に銘じて、家族の話に耳を傾けて下さい。認知症という病気は生活の隅々に影響し、人生の歴史の様々な時間に及びます。あなたが素直に共感できるときもあれば、すぐには共感できないときもあるでしょうが、じっくりと耳を傾けて下さい。あなた自身がどれだけ、認知症という病気の知識やそこから来る負担感の理解、他者の心情や経験に共鳴する力を持っているかも関係しますが、少しずつ経験を重ねて下さい。

認知症カフェのボランティアに立候補してくる人の中には、認知症の親や配偶者の介護を経験したというような人も少なくありません。また、家族会が認知症カフェを運営するケースもあります。そのような場合、常識的な発想から出やすいアドバイス、たとえば、「認知症の人が困っているから、家族であるあなたがもっとしっかりしないと」というようなアドバイスは意味を持たないことはよく心得ていることでしょう。多くの場合は、自分の家族が認知症になることによって初めて認知症という病気と出会い、どのように接していいのかわからない、そして、知らず知らずのうちに、本人との軋轢が深まっているという重い負担を感じています。さらには、元の夫の姿、妻の姿、父母の姿などとのギャップにあいまいな喪失感を抱きつつ、認知症の人が自分自身で決めていくことのできない病院受診や介護保険の申請などを代理決定するという必要に迫られる負担も感じています。そのような行き場のない思いを、カフェで吐き出してもらえるような場にしておくことが大切です。同じような経験をしている家族同士であれば、共感が深まることも多いので、そのような家族同士、交流ができるように場面設定をすることも大事です。

介護者としての経験がない場合は、そのような心情を察知するために、認知症の人の家族の悩みや負担感に関する講義や研修を受けたり、書物を読むことも大事なことです。「認知症の人と家族の会」が発行している会報なども認知症の人の家族の思いや立場を知るのに有益です。京都のオレンジカフェのカフェスタッフ研修では、ザリットの介護負担尺度評価表などを提示して、負担のありようについての説明も行います。「患者さんがあなたに頼っていると思いますか」「介護にこれ以上の時間はさけないと思うことがありますか」など22の側面から介護することを見つめる表になっています。必ずしもそれで十分というわけではありませんが、少なくとも、一通りの知識は身につけ、そこから経験を積んでいきましょう。

●家族の認知症症状への理解が不十分な場合、病気の特徴や接しかたをアドバイスできますか？

あなた自身の介護観や介護方法を押しつけることは望ましくありません。介護には個人個人、あるいはそれぞれの家族で異なる対処法があります。また、介護者の体力や年齢、経験や他の家族のかかわりによっても千差万別です。また、介護負担感が強い中でアドバイスを受けても、聞くだけの気力がない場合も少なくありません。まずは、傾聴に徹してみて下さい。傾聴を重ねる中で、ご家族は、自分で解決方法を少しずつ見つけていく場合もあります。その上で、あなたに助言できる力がどの程度備わっているか、考えつつ、静かにアドバイスをしてみて下さい。介護の経験がある場合などは、難しく考えることなく、あなた自身の経験を披露してみることもよいかもしれませんが、人それぞれであることを考えて、以上のような手順も振り返って下さい。

対人援助においては、情緒的支援、情報的支援、実質的支援という分け方があります。傾聴に徹し、共感するのは情緒的支援のひとつです。まず、情緒的支援を通じて、家族に自分の思いを言葉にしてもらうことが大切です。人によっても異なりますが、ある一定期間は、思いを吐き出せるだけ吐き出してもらうことは大事です。また、継続的に傾聴する時間を持つことも大事です。しかし、家族の気持ちが落ち着いてきたら、少しずつ、情報を得てもらうことも大切です。認知症に関する家族への教育プログラムが行われている場合もあります。認知症という病気は専門的で見極めが難しい面もありますので、スタッフ自身も学びを深めつつ、無理のない範囲でアドバイスを行いましょう。自分ではアドバイスをするのが難しいと感じる場合は、専門職に依頼し、自分も一緒に聞かせてもらい学びましょう。カフェに自治体や専門機関が配布している冊子などがある場合は、相手に適当であるものを紹介して、役に立ちそうなところがあるか、一緒に見てみることもひとつの方法でしょう。

介護の経験は共通な面と、人それぞれの面がありますから、スタッフ自身に介護の経験がある場合も、自分の経験が誰にでも役立つとは思いこまず、経験を話してみましょう。スタッフ自身が、親の施設選びで苦労したとか、急に病気になって入院したときに困ったことなど、具体的に話をしてみると、相手にとって学べるところや共感できるところがあるかもしれません。具体的な話の中には、人それぞれ固有なところと普遍的なことが含まれていて、有意義な情報交換になるでしょう。この点についても、カフェに来ている家族同士がお互いにアドバイスできる面があるでしょうし、その点では、カフェに来ている認知症の人の家族もスタッフの役割を果たします。

●家族が困っていることに対し、助言ができますか？

認知症の場合、助言すべき内容は多岐にわたり、数冊の本になるぐらい沢山あります。ひとつのことを助言する場合に、別の知識もバランスよく説明しないと役に立たないこともあります。そのため助言するときには多くの配慮が必要になります。自分が多くの経験を持っていて、良かれと思って助言する場合も、「あくまでも自分の経験」という認識を持ち、ソフトな助言を心がけて下さい。認知症カフェを自分がチーフになって運営する場合には、多くの経験と知識が必要です。どんな内容を、どのスタッフがよく知っているかという知識も大切です。

認知症の人の家族が困っている内容は、日常生活の中の実際的なことから、気持ちの持ちようなどの心理的なこと、経済的なことなど数え上げればきりがないほど多くのことがあります。「同じものばかり毎日買ってくるので困っている」「ボケが進まないようにするには、何をすればいいのか？」「同じ話が繰り返されたときは、さっきも聞いたと言ったほうがいいのか？」「グループホームと特養はどうちがうの？　グループホームの方がお金がかかると聞くけれど、年金でまかなえるのか？」など様々です。これら一つひとつ、どれについても助言するというのは大変な経験と知識が必要です。病気の具合やそれぞれの家族の経済状態によっても異なります。しかし、認知症カフェという場は、そのような助言が行き交う場所でもありますから、講義や講演、本やパンフレットなどから身につけた知識を咀嚼しつつ、情報提供していきます。経験が浅いあいだは、どのパンフレットに情報があるか、どのスタッフがそのことに詳しいかというようなアドバイスを中心に行い、経験を積んでいきましょう。本当に沢山の疑問が生じることを知っていること自体が大事なことです。毎回のカフェで、様々な疑問が提起され、それぞれにアドバイスが行われているでしょうから、ミーティングなどで学んでいきましょう。講義や本で得た基本的な知識を、目の前のケースで経験すると、知識が身につき、次にその知識が必要なときに役立ちます。どれだけ多くの質問事項や回答の多様性があるかは、『患者さんとご家族から学ぶ認知症なんでも相談室』（国立長寿医療センター編、メジカルビュー社、２０１４年）」や「認知症の人と家族の会」の会報などが参考になります。

●介護保険サービス利用や地域資源などに関して適切なアドバイスができますか？

家族の困りごとや悩みに対して、じっくり傾聴することは大切です。また、助言する場合にも多くの知識や配慮が必要です。しかし、どんな傾聴よりも、実は介護保険サービスの申請方法であるとか、ＧＰＳでの見守りの知識が、役に立つ場合もあります。情緒的支援、情報的支援、実質的支援といった分類の中の、情緒的支援よりも、情報や実質的な支援が役立つ場合もあるということです。もちろん、介護保険サービス利用についてのアドバイスを行う場合には、サービスについての十分な知識、地域やその時々によって変化するサービス資源の状況を把握しておくことも必要です。

心理的な負担の重そうな家族の話を毎回、長い時間傾聴していたけれど、認知症の本人が介護保険のサービス、たとえばデイサービスに行きはじめたのをきっかけに、その家族のとても深刻だった負担がなくなり、傾聴が必要と思っていたことが嘘のように解決するということもあります。介護保険のサービスに限ったことではなく、薬や服薬管理法についての助言であったり、口頭で伝えるのではなくホワイトボードにメッセージを残すなどの日常的な工夫を伝えることが有効な場合もありますが、介護保険サービスというのは認知症の人を支援する制度の中では、大きな割合を占めるものですから、どのようなサービスをどのようなときに使えるのかは、知識と経験を深めておきましょう。ケアマネジャーが介護保険サービスのアレンジを行いますが、地域包括ケアの時代になって、介護保険以外の地域の資源や介護保険外のサービスも出てきていますから、そのような資源の情報をカフェとしてもできるだけ集め、スタッフ同士で情報交換などもしながら、いつでも引っ張り出せるよう、蓄えていきましょう。

●認知症の人だけではなく、家族の健康や生活について配慮できていますか？

多くの介護者は、認知症の人の介護や対処に神経を使っていて、自分の健康や自分の生活を忘れがちです。介護者自身は振り返っていない場合も少なくありませんので、傾聴や介護環境の話を聞く中で、介護者がどのように自分自身の健康に注意しているか、自分の生活を大切にしているかなどにそっと寄り添ってみて下さい。そうすることで、しばらくの精神的な休養ののちになるかもしれませんが、新たな力が生まれてくる場合もあります。

認知症の人をケアすることは時間もかかりますし、神経も使うので、沢山のストレスを抱えます。知らず知らずのうちに、そちらに神経を集中して、家族が自分自身の健康や生活を守ることを忘れていたり、意識できなかったりすることがあります。ついつい話が、認知症の人のケアに集中してしまいがちですが、家族に対して、「あなた自身の健康も気にしている？」と言葉をかけてみましょう。カフェの場では、認知症の人の家族は介護経験者としてスタッフのようになる場合もありますが、ケアを受ける人であってもいいのです。血圧のこと、食事のこと、持病のこと、ときには息抜きをしているか、自分の趣味も継続しているかなど、コーヒーを飲みつつ、そんな話をしてみましょう。社会の高齢化の進展の中、老々世帯（高齢者夫婦世帯）も増えてきており、介護者自身も高齢の配偶者である場合や、子供世代も高齢者になっている場合もあり、介護する人の健康に気を配ることも大切です。

他に家族介護者が子供世代の場合、親の介護だけでなく、子育てや自分自身の仕事の課題を持っている場合もあります。中には、自分の親と自分の配偶者の親の介護と、子育てという複数の問題を抱えている場合もあります。社会制度や地域資源などを上手に使えているかという話の合間に、介護者自身の健康や生活のことに、そっと目を向けてみましょう。最近では、介護離職とか、介護休暇などの話題もあります。カフェの中での話題にするのもいいですし、家族同士や経験者同士で分かち合うことや、専門職に相談することなど、いろいろな角度から有意義な情報交換になるよう、配慮しましょう。娘なら娘同士、本人との続柄が同じ立場同士で情報交換するというのも、有効です。カフェでの席を考えるとき、意識しておきましょう。

認知症の人と家族双方へのかかわり

●認知症の人と家族の相互関係について理解して、両者がよい関係になるようにコーディネートができますか？

認知症がはじまると様々な形で、認知症の人と家族のあいだでの軋轢が生じてきます。「うちの夫（妻／父／母等）はしっかりした人だったのに！」「せっかくの老後の計画が！」など認知症になる前との比較や、家族が認知症になったことでの生活の変化を嘆くこともありますし、同じ話を何度も繰り返す、頼んでおいたことなどを忘れる、あるいは物盗られ妄想で家族を疑うなど、家族の心配、負担は数多く出てきます。家族がそのような気持ちを持つことは、認知症の人にも心理的な負担をもたらし、悪循環になりやすいものです。カフェという場を通じて認知症の人と家族それぞれに必要なニーズが満たされることで、悪循環が、良循環とでも言える状態に戻ることがあります。

認知症の人の症状と家族の負担感は相関することが知られています。中でも、認知症の人の興奮や不安、うつなどの精神的な症状は家族の負担感と強く相関します。カフェの場では、そのような本人と家族が一緒に来ることで、相互の関係性が動き出し、様々に変化する可能性があります。

そのひとつに、カフェの場で本人がもともとの本人らしさを取り戻し、家族から「あんなに生き生きしている姿は久しぶりに見た」という言葉が聞かれる場合もあります。逆に家族の受けとめによっては、「外ではあんなに元気なのに、家ではぼんやりしていて……」と残念に思うような発言が聞かれる場合もありますが、スタッフがやわらかくその言葉を受けとめることで気持ちがうまく消化されることもあります。本人の本来の姿を見ることが家族の喜びになる場合は少なくありません。家族の負担が助言や情報を得ることで軽減されること、スタッフと家族同士で分かち合うことで、家族介護者が本人への接し方がうまくなり、本人の精神症状がやわらぐこともあります。

月に1回開催されるカフェでは、家族に対しての効果が本人にももたらされていく要素が強いように思います。著者がかかわっていたカフェに、あるとき80歳前後の老夫婦が来られました。夫の認知症がひどくなり、妻は夫とともに川に身投げしようかとまで思い詰めていると涙されていました。妻は高齢ですが、昔から続けている仕事を今も続けており、親戚からは、その仕事をやめて介護に専念するように言われ、それも心労になっているようでした。はじめて来たカフェに、夫はなじめずに落ち着かない様子でしたが、スタッフが夫の経歴や趣味のことなどを話しつつ、本人が自分自身を取り戻すようなかかわりをしました。妻にはその様子もきっと目に入っていたように思います。そして、著者と話す中で、妻の苦労も受けとめられ、妻自身もほっとする様子が見られました。1か月後に再度カフェに来られたときには、本人も妻も見違えるように、安定した感じがありました。聞くところによると、夫は拒否していたデイサービスへの参加を受け入れ、入浴も定期的にできるようになったので、さっぱりした感じになったとのことでした。2回目のカフェでは、ちょうど、同じような経験をした女性が来られていたので、近くの席に案内し、話をするように勧めました。2人は熱心に話しこんでおられました。帰り際、妻にはとても安心した表情が浮かんでいました。その後、カフェには来られませんでしたが、後日、その夫を担当しているケアマネジャーから、順調に生活をされていると聞きました。もともと、そのケアマネジャーが、夫婦にカフェを紹介してくれたのです。この夫婦のように、認知症の人と家族への支援は、当事者、支援者どちらかに、というよりも双方にかかわりあうということがあります。また、それぞれに支援をするだけでなく、カフェの中でのお互いの姿や、カフェの他の人との関係を見ることで変化が生まれることもあります。スタッフ自身も支援する人という立場だけではなく、日常生活での苦労や興味を気楽に話すことで、カフェの味わいを醸し出すこともあるでしょう。

●家族が、日々の生活の中で、従来認知症の人がしていた役割を担っていることを理解し、心理的支援や助言ができますか？

家族の誰かが認知症になると、他の家族がその人の役割を担う場合がよくあります。たとえば、妻が調理などの家事を担っていたけれど、妻が認知症になったために夫が調理をするとか、夫が通帳管理をしていたのに、妻が金銭管理を行わなければならなくなったなど、家族の役割分担に変化がでてきます。心理的な面でも役割の変化による影響が出てくる場合がよくあります。この場合も、支援や助言を意識せず、まずは聞いておきましょう。このような役割分担の変化があるということを心得て聞くのと知らずに聞くのでは、対話の深みに違いがあるだろうと考えます。

高齢者世代の人々の場合、日本では夫婦のうち妻が家事を担っていることが多く、妻が認知症になった場合、夫は献立を考えること、それに合わせて買い物をすること、調理をすることなど、認知症になった妻が担っていた日常生活活動が新たな役割として加わってくる場合が少なくありません。その上、妻の化粧品や下着や、場合によっては失禁のための尿パッドまで購入してくる必要が生じてきます。娘や息子の妻などが支援してくれる場合もありますが、子供世代には心配をかけたくないと認知症のことを黙っている人もよく見かけます。認知症特有の接し方を身につけなければならないという負担や心理的な負担が生じたりするだけでなく、認知症になった人が本来行っていた家庭での役割を担うという負担が生じ、それらが重なって強いストレスになります。カフェでそのような気持ちを語り合って気持ちを整理するとともに、家事などをしやすくするのに役立つ情報交換を行うことはとても大事です。特に、実際同じ立場（夫なら夫同士、妻なら妻同士）で話し合うとニーズがマッチしやすいので、そのような話し合いができるように座席の配置などを心がけましょう。

認知症について、このようなことも心得ておこう

●中核症状と行動・心理症状をきちんと理解して、治療期間や治療目標についてアドバイスすることができますか？

認知症には大きく分けて2つの症状、すなわち、中核症状と行動・心理症状（BPSDあるいは周辺症状とも言うことがあります）があります。中核症状は記憶障害や段取りの能力の低下など、認知症の人の段階に応じて出てくる症状で、長い時間の経過の中で徐々に変化します。この症状は薬ですぐに改善するということもなく、周囲の人は気長に受けとめたり学んだりする必要があります。一方で、妄想、興奮、易怒性、不安といった行動・心理症状は、体調の変化や周囲の人の受けとめなどに影響されることもあり、体調、環境の変化などにより1週間、1か月という単位で改善する場合があります。また、薬によって短い期間に改善する場合もあります。大きく分けたときのこの2つの症状については、どちらなのか見極めて話を受けとめる必要があります。

認知症の症状の中でもBPSDの中の興奮や妄想など、特に介護上家族が困惑するような症状については、対応方法を覚えたり、本人の気持ちを推察する余裕を家族が持つことで、改善すること

もあります。一般の市民にとっては、認知症は徐々に進行する病気と理解されているので、BPSDもどんどん悪化するというイメージを持っている場合が少なくありません。認知症による記憶障害を治してほしいというのは無理ですが、認知症による興奮や妄想は多くの場合、そう長くない期間で改善する場合があります。その見通しを家族に持ってもらうこと、また改善までの期間、一緒に考えてくれる人（医師やケアマネジャーなど）を持つよう助言して下さい。この間、前述したように家族の負担を傾聴することも大切で、そのような中で、家族も物事に前向きに向かうことができるようになる場合が少なくありません。ただし、本人の状態や家族の状態によっては、短い期間で改善するというのは困難な場合もあり、長期的に伴走することが必要です。認知症という病気では、ひとつの課題が解決したら、また次の課題が出てくるという形で、いずれにしても長い期間、様々なことと向き合っていくことになりますので、伴走者の存在は大切です。

●認知症の人に良い状態と悪い状態があることを意識し、その状態が周囲の人の理解や接しかたによって変化することを理解できていますか？

認知症のケアの考え方に「パーソンセンタードケア」という有名な概念があります。その考えかたの中で、人間は誰しも、良い状態（自尊心が満たされ、他の人を援助したり自由に感情表現ができる状態）と悪い状態（相手にされない悲しさ、寂しさがあり、無気力や抑うつ、怒りがある状態）とがあるのですが、認知症の人は周囲の環境の影響を受けやすいこと、多くの場合、周囲の環境が不十分なため悪い状態に陥りやすいことが唱えられています。家族やカフェスタッフの接しかたもひとつの環境と言えますので、よりよい接しかたができるかどうかは大切です。それによって、認知症の人の状態が良い状態にもなり、悪い状態にもなります。

認知症の人は記憶力が低下しており、情報交換やちょっとした会話についていくのも難しいことが少なくありません。皆さんも、自分が知らないこと、理解しにくいことで会話が続くと、寂しい気持ちになることがあるように、認知症の人もそのような疎外感を感じます。自分がなぜここにいて、なにをしようとしているのか、とても不安になります。また、自分はどのような長所や能力を発揮できるのかわからず、発揮するタイミングもつかみにくいものです。そのようなことを知って、自分のペースに合わせてくれたり、自分の力が発揮できるようにちょっとした手助けがしてもらえたりすると、元気が出てきます。記憶低下に伴う不安や周囲の状況の把握しにくさなどから混乱してしまう場合もありますし、認知症によって、自分の感情を平静に保つ力が衰えることにもよって、怒りが生じたりもします。認知症がない場合、精神的な不安定さは自分で気持ちを入れ替えたり、ストレス発散をするなりして、気持ちを良い状態に持っていくことができますが、認知症の人は

「さっきの自分はこうだったので、こう考えないと」というような記憶の連続が必要な作業が苦手で、自分から、自分の気持ちを良い状態に持っていくことが簡単ではありません。

そのため、周囲の人の理解や接し方が、認知症の人の状態の目安になるのです。認知症カフェにおいても、認知症の人がのびのびと笑い声を出していたり、自分らしさを見せている場合は、スタッフの力量があるということになります。この点について詳しく知りたい人は、「パーソンセンタードケア」について更に学んで下さい（トム・キッドウッド著、高橋誠一訳『認知症のパーソンセンタードケア』筒井書房、2005年）。日本では介護保険施設などでその知識を深めているところがありますが、認知症カフェは施設などよりも早期の段階の認知症の人に出会うことが多く、言葉でのコミュニケーションも多いため、スタッフにとって、会話を通じてその人らしさを発揮してもらいやすいメリットもありますが、逆にどのような話題や話の流れが個々の認知症の状態にあっているか十分に経験を積まないとわかりにくい場合もあります。この点についても実際に繰り返し経験し、勘を養っていく必要があります。

●認知症の人や家族などに、認知症カフェやその他の地域資源の情報が届いていない場合などもあることに気がついていますか？

認知症の本人や家族は、みずから支援を求めて医療やケアの場に現れるのが難しい場合が少なくありません。しかし、その中に認知症カフェに来ることでその人らしく過ごすことができるであろう人も大勢いるかもしれません。カフェからの情報発信が不足している場合もあれば、認知症の人や家族が、情報に気がつかないのかもしれません。カフェ自体も、かかりつけ医や地域包括支援センターなどと連携を組むことが望まれますし、いろいろな形で情報が伝わるようにしましょう。また、専門職等と相談するようにもしましょう。

カフェの場に来られる認知症の人と家族の場合は、どこかでカフェの情報を聞き、カフェに来ることができています。ある意味ではひとつのステップを乗り越えて来られているのです。しかし、独居の場合や情報に疎い場合、認知症のことについて無知な場合や家族や周囲の人がカフェや治療について懐疑的な場合など、カフェに来ること自体が難しい場合があります。認知症という病気では、自分が病気であるという認識や誰かの助けを借りることが必要だという認識が十分には持てない場合もよくあります。そのため、カフェで直接、そのような相談を受けることは少ないかもしれませんが、カフェスタッフとして、そのようなケースが少なくないことを知っておくことは大切です。カフェに来られている人々がそのようなステップを乗り越えてきた人たちであることを知っているだけでも、大事な見識になります。

●若年性認知症の本人・家族の特別な心境や制度利用について知識を持ち、かかわることができますか？

認知症は多くの場合、70代後半から80代に生じてきます。若年性認知症は65歳未満で発症しますが、そのような年齢では認知症という病気についての心構えもできていませんし、仕事であろうと家事であろうとまだまだリタイアする前のことも多く、人生の途中で認知症という状況が生じてきたことについて本人も家族も受けとめが難しい場合が多々あります。若年性認知症については、国の政策により多くの自治体でガイドブックなども作成されているので、そのような資料も参考に、若年性認知症の人とその家族が置かれる状況をよく知るようにしましょう。

認知症の場合、どのような年代でもそれぞれに配慮が必要です。しかし、その中でも65歳未満の発症である若年性認知症の場合、特に気をつける点が多数あります。①初老期発症の認知症として介護保険サービスを利用することは可能ですが、高齢者の利用が多い介護保険サービスを使うことは、本人も躊躇しますし、サービス提供者側も若年性認知症の人の利用になれていない面があり、行き場が限られること、②経済的にも心理的にも家族の大黒柱であったり、職場での役割を期待されているなどの立場上のこともあるため、家庭や社会での役割の変更が大きい可能性があること、③②とも関係し、経済的に窮する場合があったり、家族の他の構成員の仕事や生活にも影響したりしやすいこと、④認知症の症状も、同じアルツハイマー型認知症であっても高齢発症の場合と比べて、エピソード記憶は比較的保たれている場合も少なくないが、道具の使用が難しいなどの障害が見られるなど、一般的にアルツハイマーの症状と思われていることと一致しないように見える点があり、理解されにくい場合があること、などが挙げられます。これまでの認知症施策の中でも繰り返し強調はされており、経済的な支援の受けかたなどについては、各自治体（あるいは、他の自治体作成でも応用可能）から若年性認知症ハンドブックなどインターネットでダウンロード、もしくは自治体窓口での配布により情報入手が可能です。カフェに若年性認知症の人が来られる場合に備えて、そのような解説文書を印刷して用意しておくことが望まれます。若年性認知症の人は年齢の関係で体力も十分あることが多く、カフェを拠点にスポーツ行事に参加するなどの取り組みを行うことも選択肢と考えるとよいと思います。発症年齢により異なる点については、第4章にも述べています。

●ボランティア同士の考え方が異なるとき、ときには他者のやりかたに従ってみようと思うことはできますか？

ボランティアとして信念を持って活動することは大事なことです。しかし、ボランティア同士の信念が一致しないことはよくあります。誰もが自分自身の信念を大切に思っていますから、それが一致しない場合はお互いの考え方が折り合うところを探すことが大切です。誰もが人のために役立ちたいと思っていることには違いがありません。長年の経験やこれまで学んできたことに違いや多様性があるということです。他者の意見に従ってみることが自身の新たな学びになるかもしれません。

認知症という疾患は複雑な疾患です。多くの情報が飛び交っていますし、まことしやかに民間療法が語られることもあります。しかし、多くの場合、耳触りのよい情報が正しいものではないことを、人生経験を積み重ねた人は直観的に見分けています。ボランティア同士で意見が食い違うのはこのような健康情報だけでなく、コーヒーの淹れ方、傾聴の方法、アドバイスの方法など多岐にわたります。認知症カフェに専門職が加わっている、あるいは連携している重要な意味はこのようなボランティアスタッフ同士の食い違いの仲介をすることにもあります。もちろん、人生経験や良識についてはボランティアスタッフのほうが専門職よりも勝っている場合もありますが、専門職は認知症に関する職業経験や継続的な研修などで、認知症についてはより確かな情報を持っています。それをもとに認知症カフェの運営という共通の目標を見失わなければ、上手に折り合いをつけていくことができるはずです。

●地域の人々のニーズをくみ取り、認知症についての地域啓発に大切な助言を行うことができますか？

地域の人々がカフェに足を運ぶときのニーズは人それぞれです。大きく分けると、①もの忘れがある、身近に認知症の人がいたなどで、自分も近い将来認知症になるのではないかと不安に思っている人、②不安に思う気持ちを否定して、認知症への予防に必要なことを知りたいと思っている人、③理由はともあれ、認知症への悪いイメージを持っていて、認知症になるまいと思っている人、④既に認知症が少しはじまりかけている人、⑤みずからが主たる介護者ではないものの、家族や近所に認知症の人がいて気にかけている人、⑥時代のニーズを感じているか、特別な理由はないものの、認知症について学んでおくことが大事だと思っている人など様々でしょう。そのような場合、古い観念や表面的にもっともそうに聞こえる言葉にとらわれず、正しい知識を体験を通じて学んでもらえるようにしましょう。少しずつ明らかになってきている認知症とともによりよく生きている人の声を一緒に聞くことも大切にしましょう。また、地域の人の意見や心配に気長に耳を傾け、カフェの活動の意義を伝えていきましょう。

カフェが立地する地域によって、地域のニーズは様々だと思います。認知症に対する偏見が強く、「認知症」と口に出すだけでも、人は集まらなくなるという話を耳にすることも少なくはありません。都市部はそれでも認知症カフェに関心を持つ人もいるでしょうから、様々なニーズがあるとはいえ、それなりにカフェに人は集まってこられるでしょうが、高齢化の進んだ過疎の地域では、そうもいかないという嘆きも聞きます。しかし、いずれにしても、認知症という病気を理解することの難しさと人の意識の奥深くにまで理解を難しいものにする理由が潜んでいることが重要な原因になっていることには変わりがありません。病気に対するできるだけ正しい知識と、カフェの活動を通じた「認知症を持って生きるというのもひとつの生き方かもしれない」という意識の変化が少しずつでも地域の人々に生じてくることが大切です。

認知症カフェの活動を通じて地域の人々の多様なニーズに向き合うことが必要です。地域にもよりますが、高齢者の7人に1人が認知症で、予備軍も含めると4人に1人が、認知機能の障害を持つ時代です。そうはいっても、認知症は自分には無関係だと思っている人も少なくなく、そのような人にどうやって認知症についての理解を深めてもらうかも課題です。いずれにしても認知症は決して他人事ではなく、自分や自分のすぐそばに起こることです。認知症予防については、第4章にも詳しく書いていますので参考にして下さい。

とはいえ、疾病観というものは、こびりついたものですから、気長に少しずつはがしていくことが大切です。

第2章で説明してきた認知症カフェのスタッフ像をイメージとして示すと次のページのような図となるかもしれません。

傾聴することができる
認知症についての知識がある
認知症がある人の「できること」「難しくなっていること」を見極めることができる
「してあげる」という一方的な気持ちではなく、友人として共に楽しもうとする気持ち、フレンドシップ
安心感を与えるような会話ができる
認知症がある人の得意なこと・関心のあることを引き出せる
月2回くらいのペースでカフェのスタッフとして参加できる、勉強会にも足を運ぶ

オレンジカフェのスタッフ像

オレンジカフェ　スタッフ自己振り返り票

自身の達成度について⓪まったくできない、①少しはできる、②1と3の間、③ある程度できる、④3と5の間、⑤ほぼマスターしているという基準で✔を入れて下さい。

	スタッフ記入欄					
【本人とのかかわり】	0	1	2	3	4	5
1．「介護してあげる」という一方的な気持ちではなく、友人として一緒に楽しもうとしていますか？						
2．遠隔記憶（昔のことなど）と近時記憶（最近のことや10分前のこと）の違いを理解して、本人と会話をすることができますか？						
3．疾患の種類や重症度を意識して、本人へのかかわりや会話、助言、同行ができますか？						
4．病識の有無や程度を理解して、本人へのかかわりや会話などができますか？						
5．本人の得意なことや興味があることを引き出すことができますか？						
6．本人の不安感を意識し、安心を与えるような会話やかかわりができますか？						
【認知症の人の家族とのかかわり】						
7．認知症の人を見守る家族の気持ちを理解し、家族が話したいと思えるような傾聴ができますか？						
8．家族の認知症症状への理解が不十分な場合、病気の特徴や接し方をアドバイスできますか？						
9．家族が困っていることに対し、助言ができますか？						
10. 介護保険サービス利用や地域資源などに関して適切なアドバイスができますか？						
11. 認知症の人だけではなく、家族の健康や生活に対して配慮できていますか？						
【認知症の人と家族双方へのかかわり】						
12. 認知症の人と家族の相互関係について理解して、両者がよい関係になるようにコーディネートができますか？						
13. 家族が、日々の生活の中で、従来認知症の人がしていた役割を担っていることを理解し、心理的支援や助言ができますか？						
【一般的なこと】						
14. 中核症状と行動心理症状をきちんと理解して、治療機関や治療目標についてアドバイスすることができますか？						
15. 認知症の人に良い状態と悪い状態があることを意識し、その状態が周囲の人の理解や接し方によって変化することを理解できていますか？						
16. 認知症の人や家族などに、認知症カフェやその他の地域資源の情報が届いていない場合などもあることに気がついていますか？						
17. 若年性認知症の場合の本人・家族の特別な心境や制度利用について知識を持ち、かかわることができますか？						
18. ボランティア同士の考え方が異なるとき、ときには他者のやりかたに従ってみようと思うことはできますか？						
19. 地域の人々のニーズをくみ取り、認知症についての地域啓発に大切な助言を行うことができますか？						

Zarit介護負担尺度　日本語版

各質問についてあなたの気持ちに最も当てはまる番号を○で囲んでください。

	思わない	たまに	時々	よく	いつも
1 患者さんは、必要以上に世話を求めてくると思いますか。	0	1	2	3	4
2 介護のために自分の時間が十分にとれないと思いますか。	0	1	2	3	4
3 介護のほかに、家事や仕事などもこなしていかなければならず「ストレスだな」と思うことがありますか。	0	1	2	3	4
4 患者さんの行動に対し、困ってしまうと思うことがありますか。	0	1	2	3	4
5 患者さんのそばにいると腹がたつことがありますか。	0	1	2	3	4
6 介護があるので家族や友人と付き合いづらくなっていると思いますか。	0	1	2	3	4
7 患者さんが将来どうなるのか不安になることがありますか。	0	1	2	3	4
8 患者さんがあなたに頼っていると思いますか。	0	1	2	3	4
9 患者さんのそばにいると、気が休まらないと思いますか。	0	1	2	3	4
10 介護のために、体調を崩したと思ったことがありますか。	0	1	2	3	4
11 介護があるので自分のプライバシーを保つことができないと思いますか。	0	1	2	3	4
12 介護があるので自分の社会参加の機会が減ったと思うことがありますか。	0	1	2	3	4
13 患者さんが家にいるので、友達を自宅に呼びたくても呼べないと思ったことがありますか。	0	1	2	3	4
14 患者さんは「あなただけが頼り」というふうにみえますか。	0	1	2	3	4
15 今の暮らしを考えれば、介護にかける金銭的な余裕はないと思うことがありますか。	0	1	2	3	4
16 介護にこれ以上の時間はさけないと思うことがありますか。	0	1	2	3	4
17 介護が始まって以来、自分の思い通りの生活ができなくなったと思うことがありますか。	0	1	2	3	4
18 介護を誰かに任せてしまいたいと思うことがありますか。	0	1	2	3	4
19 患者さんに対して、どうしていいかわからないと思うことがありますか。	0	1	2	3	4
20 自分は今以上にもっと頑張って介護するべきだと思うことがありますか。	0	1	2	3	4
21 本当は自分はもっとうまく介護できるのになあと思うことがありますか。	0	1	2	3	4
22 全体を通してみると、介護をするということはどれくらい自分の負担になっていると思いますか。	全く負担ではない	多少	世間並	かなり	非常に大きい
	0	1	2	3	4

出典：博野信次他「脳と神経」1998；50：561-567

3

聞いてみよう！様々なカフェのかたち

大分県　由布のカフェ

カフェ開設までの経緯

これからの文章では、認知症の人（当事者）、介護家族、スタッフと言う言葉を用いて書いています。ただ介護家族も私を含めたスタッフも認知症に将来なるかもしれないし、またなりつつあるのかもしれないし、軽度認知障害がはじまっているのかもしれません。そうするとあえて認知症の人、介護家族、スタッフという言葉を使う意味はないように思えます。ともに「今日という日を大分で生きている仲間」だからです。ただ、文章の構成上これらの言葉を使用していることを最初にご理解頂きたいと思います。なお事例については、利用者に書面で掲載の同意を得ました。

オレンジカフェ由布の運営母体は、介護老人保健施設健寿荘（理事長・帆秋孝幸）です。健寿荘の理念は①誠意をもって利用者様、ご家族様の笑顔の見える援助を行う、②リハビリテーションを積極的に行い自立を支援する、③地域に根差した施設づくりを目指す、の3つです。この理念を実現するための一端として、認知症について地域の人に理解してもらうために認知症サポーター研修など、認知症の啓発を行ってきました。また介護家族を支えることは、当事者を支えることにつながると考え２００６年から「挾間町認知症の家族と語る会」を行い、現在は後方支援をしています。この経緯の中で２０１２年9月に発表された「認知症施策推進5か年戦略（オレンジプラン）」の中に認知症の人や介護家族に対する支援として「認知症カフェ」という言句を見つけました。介護家族を支えることの重要性を感じていた私は、当時地元由布市や大分県高齢者福祉課に電話をして内容を問い合わせましたが具体的にはわかりませんでした。一方、インターネットで「オレンジカフェ今出川」と『認知症を生きる人たちから見た地域包括ケア――京都式認知症ケアを考えるつどいと２０１２京都文書』（「京都式認知症ケアを考えるつどい」実行委員会編著、クリエイツかもがわ、２０１２年）という本に出会いました。さっそく事務局に電話をし、２０１３年4月第1週にオレンジカフェ今出川の見学を行って、武地先生の説明とカフェの穏やかな雰囲気にぜひ健寿荘でもオレンジカフェを開店させたいという思いを強くしたのです。

同時期の２０１３年1月、47歳の若年性アルツハイマー型認知症の女性A氏が健寿荘に入所しました。平均年齢が82歳の入所者の中であまりに彼女は若く、職員一同彼女のためにできる限りのことをしてあげたいという思いにかられました。オレンジプランの中で若年性認知症の支援という言葉があり、その頃大分県では、若年性認知症施策として「若年性認知症ケア・モデル事業」の公募をしていて、私はこれに応募し委託事業を受諾しました。①オレンジカフェを開店する、②若年性認知症ケアに特化したカフェを開く、という2点を私たちの理念と考え、帆秋理事長に了解を得ました。実施するために、カフェ運営のコアメンバーとして医師（認知症専門医）・理学療法士・作業療法士・地域密着型通所介護相談員・施設介護支援専門員・居宅介護支援専門員8名（以下、コアスタッフ）による話し合いを4、5月に繰り返し、準備を行いました。カフェ準備ミーティングでは、運営の理念の確認、準備物資、広報先や広報チラシ作成などを話し合いました。ボードやクッキー、コースターは手作りです。コーヒーもバリスタ（コーヒーメーカー）で作り、手作り感のあるあたたかい感じのものを目指しました。

場所探し

健寿荘から遠くない場所で、賃貸料も高価でない場所を考えたところ、挾間未来館（公民館）が車で10分ぐらいの場所にありました。ＪＲ向原駅から歩いて約3分、子供のクラブや図書館、ジムなど市民の出入りも多く、賃貸料も1時間４３２円と安価で、最適な場所でした。若年性認知症の人は、大分県内に約３００人おり、広範囲から来店することも想定し、ＪＲの駅から近いところを選びました。ただ、カフェの物品は健寿荘から毎回運ばなければならないので、車1台で運搬できるようにしました。

スタッフ

コアスタッフは、先に述べた健寿荘の医師・理学療法士・作業療法士・地域密着型通所介護相談員・施設介護支援専門員・居宅介護支援専門員の８名です。大分県若年性認知症コーディネーター１名も参加しています。健寿荘には年間を通して２つの看護系大学、４つの理学療法士の専門学校、３つの介護福祉士の専門学校、高校生などが実習にきており、学生の希望者は、ボランティアスタッフとして参加しています。専門職は、設営、飲み物の準備、司会、トランプや手芸の支援、傾聴、カフェの説明、移動介助や排泄介助、介護相談、リスク管理などをしています。

その他には、地元の民生委員、退職後の介護支援専門員、中学生、行政の方、企業ボランティアなどがボランティアとして参加しています。また当事者の方も生け花をいけたり、お茶を運んだり本を並べたりというお手伝いをしています。また挾間未来館は公民館ですので、学楽多塾（小中学生に対する放課後子ども教室）の小学生が、抹茶とお菓子を運んでくれたり、合唱クラブが歌ったりという参加もあります。

経費についての考え方や経費の具体的内容

経費は、公民館賃貸料、コーヒー、ジュース、菓子代、折り紙代、ガソリン代など1年間で約10万円程度、収入は、参加者からの飲食代100円など約8万円です。

オレンジカフェ由布は、1年めは「大分県若年性ケアモデル事業」で委託料がありましたが、2年めからは健寿荘が運営費を出していて、現在は由布市が、公民館の賃貸料半額減免をしてくれています。人件費については、健寿荘は法律の定数以上の職員を雇用しており、オレンジカフェ由布の活動を施設の地域貢献活動として位置づけ、職員は健寿荘から給料をもらっています。他カフェを開始しようとする人からは、予算繰りができず困っているという声を聞きます。物心両面の理事長の配慮に感謝がたえません。

カフェ開催中の流れや出来事、それに対する運営者の意図

①カフェの開催日程時間

第1、2、3週目の土曜日の10時~15時30分の間、当初は開店していましたが、継続性も考え2

年めからは10時～12時の間開店するようにしました。9時から車に荷物を積み込み、9時30分から会場の設営をします。12時から閉店準備をしつつ、ボランティアや見学者とのミニミーティングを行い、コアスタッフは帰所後、振り返りを記載し回覧、適宜カフェミーティングを開催しています。カフェの来店客から月のうち土曜日が5回あるときは、2週間以上開催を開けないでほしいとの希望があって、第1、2、4週目の土曜日に開催しています。

②カフェの流れと活動内容

お客さんが来店したら、まず飲み物を選んでもらい、10時からスタートミーティングをしています。ここで、参加者全員が順番に名前、出身地、好きな花の名前や趣味などを話します。その中でたとえば、以前音楽をしていたとか、同郷で知り合いであったとか、思いがけない話を聞くこともあります。また当事者も家族もスタッフも同じように、座席にかけている順に挨拶することでフラットな関係でのスタートとなります。そのあとは、図書館、トランプ、手芸、ボランティア活動（未来館のプランターの花植えなど）、散歩、談話など一人ひとり活動を選びます。家族と一緒に来店した方は、家族と一緒に過ごしたり、家族とは別に過ごしたりします。家族は家族だけでお話をする方と、別に手芸やボランティア活動をする方とに分かれることもあります。いずれのグループにもスタッフが1～2名参加します。トランプは、認知機能訓練や手先の運動にもなり、他者との会話を楽しむ機会にもなります。スタッフは、さりげなく手助けをするとともに一緒に楽しんでいます。手芸では、季節感のあるちぎり絵や折り紙を作成し、孫へのお土産にする人もいます。認知症になると収入を得る機会が少なくなるので、最近はバッチを皆で作って学園祭などでひとつ100円で販売し、そのお金でお茶をしに出かけることを楽しみにしています。ボランティア活動やバッチ作りは、自信につながる活動です。

③広報について

2013年度は、大分県で第1号の認知症カフェであり、また大分県の「若年性認知症ケア・モデル事業」であった為に、新聞やテレビにも取り上げていただきました。また、大学の講義やキャラバンメイトや認知症サポーター研修、認知症実践者研修、大分県認知症ケア専門士会の研修会などいろいろな講演にも呼んでいただき、そこでカフェの状況を報告しました。

その際、認知症の人、介護家族、その他の参加者には、写真を掲載してよいか確認をしていますが、参加者のほぼ9割の方が顔を出してよいと言います。当初、その際にあえて私は、「オレンジカフェに来ているということで、認知症の人として知られることになるかもしれないがよいですか」と聞いていました。しかし、それに対してある方は「私は、確かによく物を忘れる。でもそれがどうした、私は私です」と答えてくれ、またある介護家族は、「私と配偶者が入れ替わってもまたぶんよいと言うと思います。それは、もっと多くの人にこの病気を知って欲しいからです」と言ってくれました。その後来られた方も多くの方が、まだまだ認知症に対する偏見のある今、顔を出しての広報に応じてくださっていることは、本当に感謝しています。そのような雰囲気の中で、スタッフ自身も自分の家族の認知症ケアの体験を語るようになりました。このように、参加者皆が分け隔てなく、認知症を語る場所になっています。またカフェ参加者のうち、新聞に夫婦の写真入りで掲載された方に、「それまでも近所の人には、妻の認知症のことを伝えていたが、新聞に掲載されたことで少し距離のあるところまで徘徊しても地域の人が妻の話し相手になって自分を待ってくれる。新聞に載せてもらってよかった」と話されたこともありました。

④出張オレンジカフェ由布の活動やイベントについて

カフェをはじめて間もなく、挾間町であった夜間の認知症講演会にご家族が参加している間に、当事者が徘徊で家から外出し、近所の方が見つけてくれたという話を聞きました。その後、介護家族が安心して講演が聞けるように、また当事者が参加しても途中で飽きたときは、カフェに来店いただけるように出張オレンジカフェ由布をはじめたのです。講演会があるときは講演会場の外にカフェを開店して当事者の方とお茶をしながら話をしたり、折り紙をしたりします。何回か開催しているうちに出張カフェは、多いときは1日に100名近くの参加があり、普段来店する機会のない方にもカフェを知っていただくよい機会になることがわかりました。これまでの3年半で由布市市民フォーラムや大分県認知症カンファレンス研修会など、8回出張カフェを行っています。

大分大学医学部看護学科老人看護教室三重野教授が学生に声をかけてくださり、2015年度から大分大学医学部祭の中で看護学科学生と共同して、出張オレンジカフェ由布イン医学部祭を開店しています。担当学生は、認知症サポーター研修を受け、8月からカフェにボランティアとして来店し、認知症の当事者や介護家族と一緒に医学部祭を企画、実行するのです。リーフレットの作成も、学生が介護家族に相談し助言をいただきながら進めています。2016年度には、更に医学部医学科の学生も一緒に行い、医学科の神経内科松原教授や総合内科・総合診療科吉岩診療教授にご指導をいただきました。

2015年度オレンジカフェ由布イン医学部祭では、介護家族から介護予防、認知症の当事者と介護家族を支える社会資源、介護鬱の予防などについて知りたいとの声があり、介護予防体操や、社会保険労務士による障害者年金の説明会、認知症の人と家族の会の説明、介護家族の体験談と認知症専門医の講演会を開催しました。2016年度は、ミニコンサート、介護家族の体験談、認知症の家族の会、介護鬱についての専門医の話、医学科の学生による認知症についてのポスター発表、看護学科学生による「良いケア、悪いケア」の劇を行いました。また、皆で作ったバッチや介護家族が作った七宝焼きを販売し、家族の作った短歌を掲示しました。

オレンジカフェ由布イン医学部祭については、事前に新聞社に広報を依頼しました。当日は、その新聞を握りしめ親の認知症介護を誰に相談してよいかわからなかったと相談に来られた方もいました。また事前にカフェを全国展開するA社に協力を依頼したところ、「飲み物を提供するボランティアをしてもよいが、社名を出すことは売名行為になるので困る」と最初は言われてしまいました。「私たちは、飲み物が欲しい訳ではなく、認知症の人や介護家族を支援するという気持ちが欲しいのです」と伝え「当事者や介護家族、カフェを応援します」という趣意書を作りました。その後、A社も趣意書に名前を記載することに同意してくれました。学生は大学周辺のいろいろな店舗に持って行き、同意してもらった店の名前をチラシに記入し来店者に配布しました。医学部祭で店舗をまわった学生は「挟間町の店はすぐいいよと言って、理解してくれた」と言っていました。私は、自分たちの足で地域の人々に直接説明することで、地域が認知症により理解のある地域に変わっていることを実感しました。私たちは、医学部祭当日のみでなく、開催までの準備過程そのものが、学生にとって大切だと思っています。認知症の人と介護家族の気持ちを知るだけでなく当事者、介護家族の社会と接する機会であり、同時に地域の人に認知症のことを少しでも知り関心を持ってもらう機会づくりになると考えています。

オレンジカフェ由布の開店理念のひとつに、若年性認知症への支援があります。仕事ができなくなり経済的にも困難を抱えている若年性認知症の人が利用できる障害年金や障害者手帳については、まだよく知られていません。そこで、2014年と2015年のクリスマス会では、社会保険労務士に障害者年金の説明をしていただき次いで大分県、大分市、由布市などの行政の方に障害福祉サービスの話をしていただきました。事前に地域の病院の地域連携室や介護支援専門員に案内を行ったこともあり、多くの参加がありました。

⑤学びの場としてのカフェ

先に述べたように健寿荘は多くの実習生が来ており、希望者にはオレンジカフェ由布にボランティアとして参加してもらっています。その中で大分大学医学部看護学科の3名の学生は、カフェのことについて卒業研究として取り組みました。また智泉福祉製菓専門学校の学生も卒業グループ研究の一部として、認知症者を支える地域資源としてオレンジカフェを取り上げてくれました。

また看護師や介護士として日々の業務に追われている人は、ボランティアとしてカフェでゆっくりとお互い笑顔で接することでケアの基本を見直す機会にもなっています。

参加している人の状況とカフェの効果

①来店者の状況

現在平均30人前後の人が参加しています。内訳は、認知症の人10～13人前後、当事者の介護家族約10～13人、地域住民4～5人、専門職2～3人、実習生2～6人前後、コアスタッフ5人前後です。当事者は、軽度（自立）の方から重度（要介護5）の方までおり、在宅の方と施設入所の方とがいます。在宅の当事者は、大分大学病院もの忘れ外来をしている総合内科・総合診療科吉岩教授、神経内科木村准教授、精神神経科石井講師などから紹介していただきました。また来店している介護家族や地域の介護支援専門員、スタッフからの紹介もあります。

②社会とふれあい、楽しむなど、当事者にとってのカフェの効果

佐藤友美作業療法士（現湯布院病院）が、開店1年経過時に施設入所中の若年性認知症の人が認知症カフェに外出することの有効性を調査した結果、Mini－Mental State Examination（MMSE）では、脳血管性認知症の利用者で見当識項目が改善し、意欲の向上や閉じこもりからの脱却、社会的行動の変容が認められました。また入所中で来ている当事者は、施設内で囲碁クラブを開くなど

自発性、意欲の改善が見られています。また、カフェでは、トランプ、手芸、園芸などや学楽多塾との交流などで、皆さん純粋に楽しまれています。

B氏は、他市施設からボランティアに来たグループに爪楊枝で作製した五重の塔の細工を作り、後日カフェスタッフと持って行きプレゼントをしました。B氏は、大工になりたかったのですが、家族の反対でなれませんでした。しかし、今も大工をしたいという夢を持って、爪楊枝細工をしています。

またC氏は、これまで生け花教室の講師をしていましたが、それができなくなり落胆していました。そこで、カフェでの生け花をお願いし、その後施設利用者に生け花を教えるボランティアを依頼しました。農家の嫁になり習い事ができなかったある高齢の入所者は、拝むように感謝していて、それを見たご主人は、「これまで生け花の先生をして拝まれることはなかったね。ここで教えられてよかったね」と言われました。このようにカフェがきっかけとなり、新しい出会いや役割が生まれています。

③介護家族が社会とふれあい、ストレス解消ができるカフェの効果

D氏妻（介護者）は自身、身体障害者手帳をもっており、カフェに来た障害者授産支援施設B型事業所でジャムを売るパートを行うようになりました。介護だけの日々から社会にふれることができたと言われました。

オレンジカフェ由布は、クリスマス会や出張オレンジカフェ由布イン医学部祭では、企画実行を当事者や介護家族と行っています。そこで司会や講演をしたE氏（介護者）は、「定年退職後に妻が認知症になってから介護だけの毎日で人生が先すぼみの気がしていた。でも司会や講演をしたことで人生が開けた気がした」と言われました。カフェの活動の中の出会いで、介護家族も新しい社会とふれあう機会が開かれています。

また、排泄の世話や家事などで大変なストレスを抱えている家族同士は、介護方法を話しあったり、ストレス解消法を話しています。介護家族同士が話すことでピアカウンセリング効果（同じ立場の人同士が悩みを話しあい支えること）が見られます。また当事者と家族が同じ空間で過ごすことで、気付くこともあります。妻が認知症になりすべての家事をしていたE氏（介護者）は、認知症の妻が上手にホットケーキの液を流す様子を見て妻の潜在力に気づくことができました。これは、当事者のみが利用する通所介護にはないカフェの利点であると思います。

当事者は、軽度の方から重度の方までいますが、当事者や介護家族は、先の見通しができ、重度

になっても来店する様子に力をもらうようです。カフェで知り合いになり食事や旅行、自宅訪問をしたり、携帯電話番号を教えあい、楽しんだり、支え合ったりする、いわゆる「認とも」になる人たちもいます。

毎回定期的に来られる方以外に1~2回のみ来店する方もいます。F氏（介護者）は、90代の義父の物盗られ妄想などに悩んでいましたが、その悩みをコアスタッフに涙ながらに語ることで気持ちの整理がつき、「自分もときには娘の家に行ったりしてもよいのだ、と考え直すことができ、ずいぶん楽になりました」と2回目は笑顔で来店されました。1回の参加でもこのような効果があります。

④書くこと、語ることによる介護家族の心の安定

カフェに来る中でE氏（介護者）は、それまで利用をためらっていた介護保険を申請し、通所リハ利用を開始しました。E氏は空いた時間で短歌、川柳を作るようになりました。その中には、

・スーパーのレジで並ぶ妻の手にいつもの1万円札が握られて　後で気が付く認知症
・「自分でやっている事が分らない」　なげく家内に寄り添うが　かける言葉が見つからぬ
・我妻の出来ることを捜さずに　悪いことばかりが目について　なげく夫の順夫さん

・失敗して悩む我見て　妻が言う「私がついている　大丈夫」
・しぶしぶと出かけたカフェで驚いた　孫との笑顔ここにあり
・カフェに行き　仲間とストレス発散し　介護の苦労を吹き飛ばす　家に帰れば　辛い介護が「おかえりなさい」

といった介護の苦労を歌うものや、認知症になった妻が障害を抱えつつも今も夫を思う愛情にあふれたものもあります。

またG氏（介護者）は、介護支援専門員の勧めで、ケア日誌を書くようになりました。はじめは、妻の状況は書けても自分の気持ちは書けなかったのですが、徐々に自分の気持ちを書けるようになり、自分のケアを振り返るようになりました。毎回カフェに持ってきては、他の参加者やスタッフに見せることでいろいろな意見をもらい、自分のケアを客観的に見られるようになったのです。E氏（介護者）、G氏（介護者）とも介護体験の講演を行っていますが、このように書くこと、他者に語ることで頭の中が整理でき、客観視ができるようになる効果があると感じます。

⑤医師、介護・福祉サービスへつなぐカフェの効果

2名の来店者は、来店まではサービスを受けることを躊躇していましたがカフェに来たことが介護保険の利用につながりました。別の2名には、家族からの希望があり専門医を紹介しました。認知症初期集中支援チームと同じように医療、介護のサービスにつなぐこともあります。

身体障害者手帳を持っているD氏が、障害者手帳を持っている人が通えるカルチャーセンターにE氏（介護者）と妻（当事者）を誘ってくださったことがきっかけで、E氏妻（当事者）に障害者手帳、年金の申請を勧めることができました。その後G氏妻も精神障害者手帳、年金を申請するようになりました。カフェが、福祉サービスを受ける糸口になることもあります。

⑥介護家族が作業することのメンタルヘルスへの効果

介護家族は、当時者と一緒にバッチを作ったり、趣味のケーキを作り差し入れをしてくれています。彼らは、作業をしている時間は、「頭がそのことだけを考えるので介護のことも忘れられ、気持ちがすっきりする」と言われます。介護から離れる時間はとても大切です。

参加している人の声

2016年11月のスタートミーティングで「あなたにとってオレンジカフェとは、どういうところですか?」と質問しました。当事者、介護家族は、「楽しい」「ホッとする」「情報を得るところ」

「人とのふれ合い」「学びの場」「止まり木」「心が安らぐ」「介護する人の息抜きの場」「介護する人が癒される場」「笑顔のある場」、などと答えてくれました。その中でH氏（当事者）は、「この病気になるなんて！　と思っていた。でも、ここに来てよかった、皆努力していると思った。自分も頑張ろうと思う」と語られ、それを聞いたH氏妻は「こんな風に考えているとは思わなかった。ここに来てよかった」と涙ぐまれていました。

学生やスタッフは、「介護の勉強の場」「気づきの場」「施設では見られない姿の見える場」などと話していました。オレンジカフェは立場が違っても楽しめ、癒されることのできる、学びの場です。そしてときに、心に普段はしまっていた大切な気持ちを吐露できる場でもあるのです。

運営上の工夫や気をつけていること

まず、雰囲気作りについては、明るく穏やかな雰囲気になるように、スタッフは私服で、壁には季節感のある、折り紙やオレンジマークをはっています。またテーブルフラワーも飾っています。

また、安全面については、予約なしの自由参加制にしているので、最初はどのような人が来店されるかわからず若干の緊張と心配をしていました。しかし、3年を経過した今、大きな問題はありません。ただ冬季は、いろいろな方が参加するだけにインフルエンザやノロ感染症などを心配し、施設への感染症持ち込みを配慮して、集団生活をしている施設入所者にはお休みをお願いしています。感染症が問題になることはありませんが、常に感染症対応グッズを用意しています。また嚥下障害のある方でも食べられるクッキーを用意していますが、一度差し入れのケーキを切って提供したところ、誤嚥しかかる利用者がいて、常に緊張感を忘れずケアする必要性を感じました。また保健所にはバザーの届出をしています。

最後に排泄ケアについてですが、未来館は、多目的トイレがあり、介助を要する人にもケアしやすいという利点があります。さりげない配慮が必要なこともあります。

困難をどう克服したか

①来店者が少なかった開設当初の時期

開設から半年ぐらいは、外部からの参加者が少なかったので、大分大学病院の専門外来の医師などに毎月チラシを送り、紹介を依頼しました。また大分県精神福祉保健センターのハートコム大分祭りで出張オレンジカフェを行い、広報に努めました。当時、毎回保健所所長さんが来店者として来て下さいました。私たちの気持ちを支えてくれたのです。

②認知症が進行して新しいステージに入った時期

３年６か月が経過して利用者の中には認知症が進行した方もおり、当事者、家族にとっての課題も変化し続けています。認知症を受け入れる家族の心理過程は、進行とともに新たな受け入れを求められます。現在、私たちも日々悩みながら、新たな対応を求められている状態です。傾聴すること、寄り添うという基本を忘れずに、支え合っていきたいと考えています。当事者、家族とも新たな課題に直面したときにカフェが大きな支えになることを、今私たちは感じています。

地域とのかかわりと街づくり

私たちは、２００６年から「挾間町認知症の家族と語る会」を支援しています。

また２０１０年からは由布物忘れネットという地域の開業医と大学病院等の認知症専門外来の先生、地域のケアマネジャーやケアワーカーなどが集まって２～３か月に１回研修会を開催しています。この研修会を企画運営しているのが由布オレンジネット推進会議（代表世話人佐藤医院院長）です。この会は、由布市認知症ＳＯＳネットワーク、徘徊模擬訓練、認知症コーディネーター研修会の企画実行もしており、私もこの会の世話人をしています。挾間町認知症コーディネーターは、挾間町通所事業所と一緒に、要介護者、要支援者の社会参加、介護予防、施設職員のスキルアップを目標として年1回通所事業所音楽会を挾間未来館で開催し、あわせて合同作品展示会を地域のスーパーで開いています。この会には、オレンジカフェ由布の参加者も参加しています。このような活動の結果、由布市では、「みんなにやさしい町つくり」の機運が育っていることが、徘徊模擬訓練実施時のアンケートにも記載されていました。また今年から「ＲＵＮ伴（認知症の人も地域住民と一緒に走り、タスキをつなぐイベント）」も由布市全体で行われるようになりました。オレンジカフェ由布の当事者や、私をはじめとするスタッフも一緒に走り、運営スタッフとしても活動しました。参加者のＧ氏夫妻はテレビ取材を受け、認知症になっても住み慣れたこの町で夫婦が寄り添い生きていくことの素晴らしさを伝えていました。このように、あらゆる機会をとらえ、繰り返し多彩な活動をすることで、認知症の人に、そして皆にやさしい町「こころとからだのバリアフリー由布」の実現に少しずつ近づいているのです。

（介護老人保健施設健寿荘　施設長　医師、増井玲子）

岐阜県 恵那のカフェ

カフェ開催までの経緯・動機

当市が認知症カフェを作り上げるまでには、市内の医療・福祉機関、地域包括支援センター等専門職と市民が長年かけて対話を重ねて連携を深めてきたことが基礎となっています。

当市は、２００９年に市立恵那病院と恵那市地域包括支援センターが発起人となる形で認知症連携推進連絡会を結成しました。

そこで市立恵那病院の管理者（医師）・ソーシャルワーカー・看護師・地域包括支援センター・介護支援専門員・東濃成年後見センター・介護保険事業所等の職員ら、地域の関係者が認知症連携というテーマで集い、対話を行う拠点を作りあげました。

連絡会では、「地域の助け合い組織が確立している」という情報が入れば話を伺います。「当事者の声を聴くところからはじめよう」と問題意識が出れば、さっそく認知症の人を介護している家族をお呼びし、実際の介護での様子、苦労された点などを皆で聴き、これからの課題についての共有を図ってきました。

この連絡会から、いくつかの事業が発信されました。お互いを知り、そして実践している活動を認め、尊重しあうようなよい関係づくりができており、各事業所や個人をつなぐ重要な場となりました。

連絡会での対話を積み重ね、2011年4月に、このメンバーで合宿を行いました。じっくりと時間をかけて皆で話し合い、これからの恵那市の姿を考えようといったことから、計画して実施しました。

1泊2日の合宿は、初日は朝から集まり、その日は夜中まで意見を出し合いました。2日目の正午までに、私たちが地域でどのようなことができるのか意見を出し、ぶつけあい、これからの恵那市の姿についてのビジョンをデザインしました。

合宿では、「多職種専門職が集う事例検討会を開こう」「認知症の人もそうでない人も一体となって走る・応援するマラソン大会を企画しよう」「認知症の人が安心して足を運ぶことができるカフェを開こう」といった大きな3つの具体案が生まれています。これらのアイデアをもとに地域のつながりを深めていこうと、今後の連絡会の方向性が明確になっていきました。

この合宿で挙がった3つのアイデアは、合宿当初ではあくまでイメージであり、いつまでに実施するといったスケジュールまでは、はっきりしていませんでしたが、2016年1月現在までにすべて具現化し、実施しています。恵那市での地域の人々をつなぐためのとても重要なものになっています。

新オレンジプランによって、認知症カフェの普及は全国的に浸透しつつあります。

当市では、認知症連携推進連絡会での提案から、市立恵那病院の管理者が行う、もの忘れ外来の家族同士をつなぐもの忘れ外来家族会が派生し、その積み重ねから、更に認知症カフェの開催へと進展してきました。

２０１０年10月からはじまったこの家族会は、２か月に１回、平日の午後に市立恵那病院に集い、家族同士の近況報告を中心としたおしゃべりを行うことで定着しました。情報交換で、時があっという間に過ぎていく場となりました。

参加者同士がお互いを知り、普段から連絡が取りあえるようになった１年後の２０１１年には、フィールドワークとして、皆で市内の介護保険事業所に出かけ交流を図るイベントを企画。この外出交流は参加者にとても好評で、毎年１回開催しようとなり、２年目には市内明智町大正村にある、なつかしい物を見て思い出を語り、脳を活性化させる回想法を取り入れた明智回想法センターにも出かけました。

３年目の夏、「次のフィールドワークとして、どのようなことを実施しようか？」と、もの忘れ外来家族会の中心スタッフ２人（市立恵那病院ソーシャルワーカー、地域包括支援センター職員）で相談していたとき、認知症の人が気軽に足を運ぶことができる「認知症カフェの開催」に想いが膨らんでいきました。しかし、カフェを開催することははじめてのことであり、3つの課題を決めてクリアしながら、どのようにしてより理想的なカフェを作っていくのかイメージを固めていきました。その課題とは、以下の3つです。

1. これまで行われている市主催の家族の集い、病院の家族会との違いの明確化を図りたい。誰でも楽しめるカフェとしての雰囲気を大切にしたい。
2. 喫茶店などお店を借りるにしても、そのための予算をとらないで開催する。
3. これまで沢山の事業を企画してきたが、どれだけ広報しても認知してもらえる人々は限定的。老若男女、当事者や専門職以外の人たちにも広く知ってもらい、足を運んでもらえる場としたい。他人事ではなく「ジブンゴト」として捉えてもらいたい。

この3つの課題をクリアしてイメージしたものが、パートナーとして全国に店舗を展開するスターバックスを迎え入れることでした。

このイメージの着想点は、私が仕事柄、スターバックスの店舗スタッフがボランティアとして市立恵那病院のデイケアへ出入りしているのを何度も見かけていたからです。そこから、スターバッ

クス コーヒー恵那峡サービスエリア（下り線）店へ企画を持ち込むことになり、認知症カフェ開催までトントン拍子で道は開かれていきました。

後日、もの忘れ外来家族会の中心スタッフでお店に出向き、企画の趣旨や想いをストアマネージャーに説明し企画を進めていくことになりました。

スターバックスの担当者からは、「とても素晴らしい企画なので一緒にやっていきたい」「地域に何か還元したい」「条件としては1回きりでなく継続できること。ストアマネージャーが変わっても引き継ぎを行う」といった大変うれしく思いもしなかった返事があったことを覚えています。

当市にとって、民間企業も地域の一員であり、ともに考えるパートナーとして事業を進めて行く第一歩となりました。

（恵那市役所恵那市地域包括支援センター　認知症地域支援推進員、足立哲也）

場所探し

認知症連携推進連絡会から派生した当市の認知症カフェ（以下、ささゆりカフェ）はこうして2013年10月にスターバックス コーヒー恵那峡サービスエリア（下り線）店の協力のもとはじまりました。

もともと、認知症連携推進連絡会からの派生からはじまった企画であったため、喫茶店のイメージをそのまま作り上げるには、最も身近な市立恵那病院内の喫茶店への協力依頼が近道でした。そのため、スタッフですぐに交渉に向かい、開催に結び付けました。

しかし、喫茶店での開催を数回重ねたとき、院内喫茶店閉鎖の話が浮上し、場所探しを余儀なくされました。せっかく場所を変えるなら少しでもたくさんの方に知ってもらい、足を運んでもらいたいと考え、地域に根ざして活動している企業や飲食店やスーパーマーケットなどで開催できれば、そこへ出入りする人にも、ささゆりカフェのことを知ってもらえるのではないか、また、普段そこには出入りしない人が、ささゆりカフェへの参加をきっかけにその場所を訪れ、消費者となり、場所を提供してくださる方々にもメリットがあるのではないか、と考えました。

場所探しは、スタッフが直接交渉に出かけています。これまでに飲食店やライブハウス、スーパーマーケットの多目的スペース、材木組合の集会室、結婚式場での開催が実現しています。

会場使用料に関しては無料のところから、時間制のところなど様々です。無料で場所を提供してくださった方からは「昼間は使うことも少ないし、営業に支障を来すこともない。地域貢献にもなるし、使ってくれてもいいよ！」という声をかけていただいています。

カフェの場所として、雰囲気はとても重要ですが、それ以外に気をつけていることに室内環境（段差やトイレの使い勝手など）、アクセスのよさ、駐車場の確保などがあります。

認知症連携推進連絡会から生まれた「ささゆりカフェ」【支援者のネットワークの広がり】

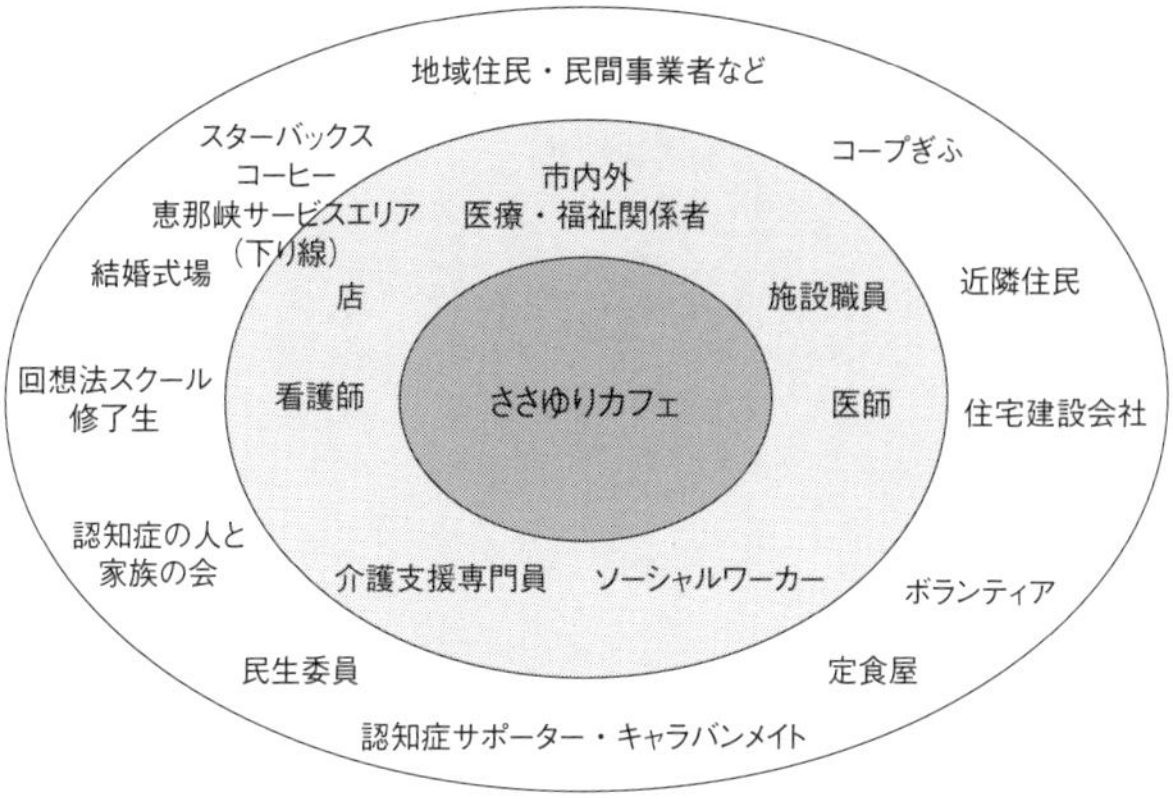

同じ地域で暮らす人同士がつながる場のきっかけに…

しかし、最初から思い通りの場所を探せるとは限りません。そういったときにハード面での問題をほぼクリアできている場所としてコミュニティーセンターや公民館などを利用するのもひとつの手段として有効だと考えています。現に昨年度のカフェ開催は、地域のニーズを把握しようと市内各地で開催し、コミュニティセンターを利用して地域の沢山の方々との協同開催に結びつけることができました。

カフェの場所探しは、同じ地域で暮らす人、団体、商店、企業などがつながるきっかけとして有効なツールです。当市はこれまでに、生協、材木流通センター、結婚式場などとカフェを通してつながり、関係を深めています。２０１７年度は、市内の図書館での開催が決まり、ささゆりカフェを通してますます人と人とのつながりが広がりそうです。認知症フレンドリーなまちを実現するために今後も場所探しに力を入れ、この出会いを大切にしていきたいです。

（国民健康保険上矢作病院　社会福祉士、栗田一夫）

スタッフ

ささゆりカフェのスタッフは、医療ソーシャルワーカー・看護師・ケアマネージャー・地域包括支援センターの認知症地域支援推進員など医療・福祉関係者で主に構成されています。

前述の通り、この医療・福祉関係者はもともと、認知症連携推進連絡会を発端とし、認知症連携をテーマに様々な活動をともにしていたメンバーです。各々の事業所の垣根を超え、地域づくりを大切にする視点を持ち合わせたもの同志が、このささゆりカフェの運営に携わっているという点がひとつの特色といえます。

また、スターバックスの店舗スタッフによるプロとしてのおもてなしは、カフェに訪れる当事者やその家族などにとっては安心感につながり、気軽に相談できる空間づくりとして大変大きな役割を担っています。また、カフェ終了後のミーティングなどにも参加していただき、ご本人やその家族の会話、相談内容についてともに検討し、今後のカフェのあり方についても様々な意見を出し合いながら、運営の一躍を担って下さっています。

その他、認知症のキャラバンメイトや地域の支えあい団体など、そのつどカフェ開催時に参加をすることもあり、ささゆりカフェを通じて、支援者のネットワークの広がりをあらためて感じることができます。

このように、医療・福祉の専門職だけでなく、企業のスタッフなどの参加も含め、ともに認知症カフェづくりの運営を行っていくことで、更なる地域の方々とのつながりや、ささゆりカフェへの参加を期待し、当事者やその家族が気軽に来れるカフェへの実現と、恵那市の各地域で「私たちもやってみたい」といった新たな展開につながることを期待しています。

（合同会社ＬＩＦＴＥ　代表社員　伊藤潤）

カフェの開催方法

ささゆりカフェは特定のプログラムを持たずに運営しています。開催時間中であればいつでも参加できるし、いつ退室しても構いません。できるだけ自由なスタイルで運営することで、カフェを必要としている人たちにとっての敷居を低くすることが狙いです。

また、あえて勉強会のような形式はとらず、各テーブルで自然に認知症のことが話題となるように、スタッフが意識して話のきっかけを作っています。来店者があるとまずスタッフが注文をとり、

専門職がさりげなく各テーブルにつきます。来店者同士の会話に参加しながら、どのようなニーズがあってカフェに来たのかを把握しています。

カフェに来る人のニーズは様々です。「自分と同じ診断を受けた人と出会いたいと思って来た」「珈琲を飲みながら、楽しくおしゃべりしに来た」「介護の苦労を聞いてほしくて来た」。中には「同じように認知症の人の介護をしている人と出会って話したい」という人や「専門職に相談したいことがある」という人もいます。そのような場合には、ニーズに合った他の来店者や専門職につないでいきます。

専門職が多いカフェであることを活かし、全体で行うプログラムは設けずに、個々のニーズに合わせた援助ができるのがささゆりカフェの特徴です。ただし、不規則ではありますが、ボランティアの方などを招いてミニコンサートを開催しています。音楽は障害の有無にかかわらず、皆が楽しめる重要な要素となります。

（くわのみ福祉よろず相談所　管理者、小林正道）

参加している人の状況

２０１３年10月から開催し、年に8回程度のペースで開催しています。これまでの参加者は、認知症の人ご本人、家族、地域住民、医療や福祉の関係者などで、次ページの表の通りです。

参加している人の声

カフェ開催時に直接感想を聞いたり、各テーブルに自由に感想や要望を書き込める用紙（メッセージカード）を配置することで参加している人の声を聞いています。以下に、メッセージカードに書かれたメッセージを紹介します。

・介護がいつまで続くか考えると苦しいが、心がほんとうに楽になりました。
・ピアノと歌声に清められた。また頑張ろうと思う。親孝行できることに感謝。
・プロの方々にいろいろ教わり、本当に助かった。介護者も勉強することが大切。心をわって話せることが1番。

H25開催日	会場	本人	家族	支援者	合計
10月23日(水)	市立恵那病院喫茶ブルーム	2	15	5	22
11月26日(火)	上町まちなか交流館(岩村町)	3	17	4	24
12月17日(火)	中コミュニティセンター	3	11	1	15
2月26日(水)	市立恵那病院喫茶ブルーム	3	13	5	21
合計		11	56	15	82

※上町まちなか交流館：町の伝統技術の継承を目的とした地域住民の交流スペース

H26開催日	会場	本人	家族	地域住民	医療福祉	視察	その他	合計
4月23日(水)	市立恵那病院 喫茶ブルーム	2	12	7	9	1		31
5月22日(木)	上矢作福寿の里 ふれあいセンター	7	7	11	18			43
7月23日(水)	コープぎふ恵那店	6	14	11	6	7		44
8月26日(火)	コープぎふ恵那店	3	11	6	5	10		35
10月16日(木)	上矢作福寿の里 ふれあいセンター	11	15		17	10		53
11月11日(火)	ライブハウス ニューウェーブ	8	13	7	1	2	3	34
1月20日(火)	木ポイント 大ホール	2	11	3	9	8		33
2月26日(木)	木ポイント 大ホール	7	19	15	5	5	5	56
合計		46	102	60	70	43	8	329

※上矢作福寿の里ふれあいセンター：市が管理している農業関連活性化施設
※木ポイント：協同組合東濃地域木材流通センター

H27開催日	会場	本人	家族	地域住民	医療福祉	視察	合計
4月13日（月）	木ポイント大ホール	5	15	8	16	9	53
5月27日（水）	上矢作福寿の里ふれあいセンター	8	7	3	20	5	43
7月22日（水）	中野方コミュニティセンター	6	8	9	7	5	35
8月25日（火）	明智回想法センター	13	2	35	15	1	66
10月14日（水）	上矢作福寿の里ふれあいセンター	4	3	25	9	2	43
11月24日（火）	武並コミュニティセンター	3	5	9	2	8	27
1月18日（月）	山岡健康増進センター	2	4	6	4	4	20
2月23日（火）	笠置日天月天	16	9	10	9	8	52
合計		57	53	105	82	42	339

※笠置日天月天：古民家を利用したカフェ。スペースレンタルでイベント開催も可能。

H28開催日	会場	本人	家族	地域住民	医療福祉	視察	合計
4月21日（木）	木ポイント大ホール	13	11	9	12	1	46
5月26日（木）	明日香苑　地域交流センター	14	8	3	13	1	39
7月11日（月）	木ポイント大ホール	1	9	1	3	1	15
8月24日（水）	木ポイント大ホール	2	2	5	6		15
10月20日（木）	結婚式場マリアージュロビー	2	12	3	4		21
合計		32	42	21	38	3	136

※明日香苑：特別養護老人ホーム

・コーヒーを飲みながら様々な人と意見交換することができ、とても有意義な時間でした。
・家族の方の笑顔が見えて嬉しかった。
・認知症本人と話がしたい。本人の参加が少なく残念。
・友に誘われてここまで来れて本当によかった。一言で心が洗われた。

しかし最近では、メッセージカードを記入される方が少なくなってきたり、書き込まれる内容が一般的な感想になりがちです。カフェの効果をより検証するためには別の方法で声を聞き取ることが必要だと感じています。

経費についての考え方や経費の具体的な内容

①飲食代

コーヒーと菓子については、スターバックスの協力があり、無償でコーヒーを提供いただいております。また、スタッフの方も2名程来てくださっています。

②場所代

場所によっては使用料が必要なときがあるため、予算としては確保していますが、企業の協力により無償で使わせていただけることもあります。

③人件費

スタッフは地域包括支援センター職員（認知症地域支援推進員）の他に、医療ソーシャルワーカー、看護師、市内事業所の介護支援専門員などあわせて10名程度。カフェがはじまる前からつながりがあったり、カフェをはじめてから仲間になった方々で、人件費はかかっていません。各所属事業所の協力で成り立っています。

④その他

カフェらしい空間づくりのために、ブラックボード、エプロン、テーブルクロスなど備品を購入しました。また、毎回、チラシの紙代や印刷代、参加者への案内郵送料が計上されています。

（恵那市役所恵那市地域包括支援センター　認知症地域支援推進員、竹山紗世）

運営上の工夫や気をつけていること

①安心して過ごせる雰囲気づくり

ささゆりカフェとはどんなことを目的に開催しているのか、オープン時に説明することで来店者の方が安心して過ごせる雰囲気づくりにつながっています。また、医療・福祉専門職が必ず、各テーブルに着き、認知症の方やそのご家族の話を伺ったり、来店者のニーズを把握することに努めています。

②ミニコンサートなどを企画

コーヒーを飲んで過ごすだけでなく、懐かしい昭和歌謡や唱歌などを聴きながら、一緒に唄ったりすることで、緊張を緩和し、和やかな空間が作れるような雰囲気づくりを大切にしています。

③来店者の方に認知症のことを知ってもらえるように

介護者の集いなどの啓発パンフレットやチラシを常時、設置しています。チラシを話題に話が弾んだり、悩み相談につながればと考えています。

④認知症の方の居場所や家族の方の交流の場が増えることを願って

常連の来店者の方の居場所づくりや交流の場を作ることを目的に、交通機関が発達している中心街を拠点に年に8回開催していますが、ささゆりカフェとしてこれ以上、回数を増やすことは難しいのが現状です。そのため、市内各地から自分たちの地域でも認知症カフェをやってみたいという声があがれば、各地域の介護事業所、地域団体、民生委員、サロンのスタッフ等の協力を得てスポットで開催することがあります。ささゆりカフェ以外のカフェが市内各地で開催され、認知症の方やその家族の方の居場所や交流の場が増えることを願っています。地域の「やりたい！」をささゆりカフェは、応援するスタンスです。

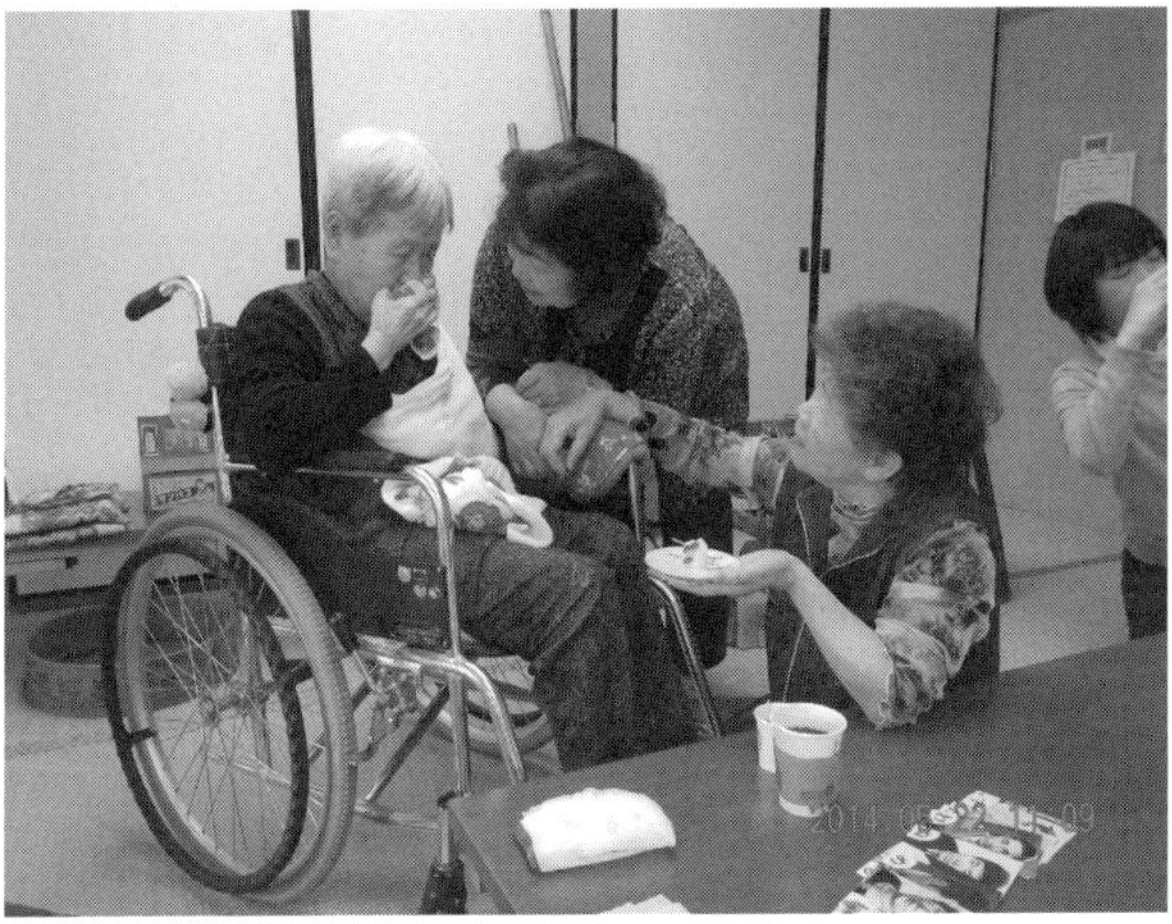

⑤ランチミーティングと反省会、3か月ミーティング

地域包括支援センター職員と恵那市の保健・医療・福祉従事者が活発な意見を出し合い、ともに協力してカフェの企画、運営について計画しています。

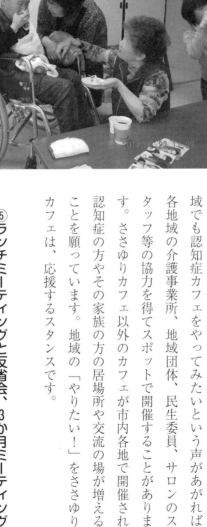

カフェがオープンする1時間くらい前からスタッフが集まって行っているランチミーティングでは、当日の来店者の情報をスタッフ間で共有し、ミニコンサートや視察などがあれば、応対スタッフの調整を行っています。来店者の情報を共有するのは、来店者の意向が事前に把握できていれば、専門職との面談や他の来店者との交流が図りやすくなるからです。

また、カフェ終了後には反省会を行い、各テーブルでどんな相談や話が出たか、誰とマッチングや交流が図れたか、会場の雰囲気づくりなどに問題はなかったかなど、ここでもスタッフ間で情報の共有を図っています。

さらに、ささゆりカフェを年8回開催するにあたって、カフェの開催がない月に年間4回ミーティングを行い、直近の開催日や開催場所、ミニイベントなどの具体的な内容を決定しています。

（「結い」介護相談室　介護支援専門員、西尾巳鈴）

困難をどう克服したか

ひとつは開催場所の壁です。はじめたばかりの頃、もの忘れ外来を開設していることや、皆が集まりやすい公共施設として市立恵那病院併設喫茶店を定期開催場所にする方針を持っていましたが、病院の都合で喫茶店が閉店することになってしまいました。たちまち行き場を失った私たちは、スタッフ内で代替場所の検討を行いました。市内の無料で使える場所を中心に、毎回開催場所を変更するキャラバン方式に変えることにしたのです。そのおかげで、公民館や生活協同組合（ＣＯＯＰぎふ恵那店）、木材流通センター、ライブハウスといった多彩な会場で開催の機会がありました。

もうひとつはスタッフの問題です。前出の通り、地域包括支援センター（市直営）職員と市内のいくつかの保健医療福祉事業者職員（民間）が中心スタッフとなっています。年8回の開催はスケジュールに組み込まれており、各自業務都合を調整しています。

当然ながら、スケジュール調整がうまくいかないときには欠席となりますが、代わりのスタッフを派遣できるほどの余裕があるとはいえません。また、それぞれのスタッフには事業所都合の人事異動があり、カフェに携わる職員が後任を選任できない場合も考えられ、常に不安要素となっています。今後、事業の継続性を考えるとき、スタッフ体制維持の方針確立が課題となっているのです。これを検討する際には、スタッフを構成している事業所を固定せず、状況に応じて加除するなどの柔軟な対応が求められます。

私たちは、これまでこのような壁にぶつかった場合、協調アクションのスタンスで対話してきました。当市は人口5万人ほどの地方都市であり、普段から顔の見える関係を専門職同士で構築してきているため、どんなことでも話し合い、新しい気づきを得ることで問題解決の糸口を見出してきました。これからも、立場の違いを尊重しつつ、「大切なものはなにか」「〝やりたい〟を応援する」

を合言葉に様々な壁を克服していきたいと思います。

（えなぽん社会福祉士事務所　社会福祉士、河合唱）

地域とのかかわりと街づくり

今まで行ってきた認知症カフェの経験などを踏まえ、今後の展望についてはスタッフを中心に行いたいことを議論しながら、できることを少しずつ進めて行こうとしている段階にあります。ささゆりカフェを行っている恵那市という土地柄は私たち自身、おもしろい土地柄だと常々感じることが多いですが、「認知症カフェから他の事業に広がっていく」という感覚とは少し違い、もともとあったネットワークやコミュニティの中に必然的にカフェが派生したような感覚を覚えます。この地域の特徴は横のつながりが強いことです。この土台があったことが、認知症カフェの設立から、運営、現在に至るまで大きく関与していると思います。

そのような経緯も考えると、もともとあったネットワークやコミュニティから並行して同時派生している他の事業はいくつかあると思います。ＲＵＮ伴への参加や認知症フレンドシップクラブ恵那事務局の立ち上げなどもそのひとつではないでしょうか。

なにをもって、「認知症の人にやさしいまち」とするか、これは本当に大きな課題であると考えています。なにが正解で何が間違いか、答えはあるようでありません。ないというのは語弊かも知れません。すべてが正解なのかもしれません。ただ、ひとつなくてはならないものは、当事者たちの「思い」や「声」を聞くこと、そして聞いて「体現」することなのではないでしょうか。ごく普通のことなのですが、できていそうで、実はできていないのです。運営していく中で、意図せず、他の地域や評価ばかりを意識し、成果を求めるという枠に嵌まってしまいます。私たちも認知症カフェを運営して行く中で、何度もこの壁にぶつかりました。医療介護知識を前提とした正しい知識アプローチだけではなく、当事者の人が中心であることを忘れずに、皆がワクワクする場所をつくること。ここさえブレずに行動できていれば、それはきっと素晴らしいまちづくりができている、または、一助が担えているのではないでしょうか。

その中で今、私たちのささゆりカフェだけではなく、この街にある民間企業、はたまた個人事業で行っている喫茶店などを活用した登録型の認知症カフェなどの展開を考えています。認知症について考えてくれる人、考える機会を増やすこと、認知症に関わる一つひとつの事業をツールとし、点を線にして、更には輪に広げていくことが今後の課題です。

（合同会社おひさま　代表社員、藤井真也）

用語解説　認知症フレンドシップクラブとは「認知症になっても安心して暮らせるまち」を作ろうとアクションを起こす人の全国ネットワーク。ＲＵＮ伴の主催などを手がけているＮＰＯ法人。現在、全国に20か所弱の事務局があり、その地域のニーズにあった活動をしている。

京都府　宇治のカフェ

カフェ開催までの経緯・動機

　宇治市の認知症対応型カフェは、２０１２年12月に試行的に実施し、２０１３年６月から市事業として実施しています。試行からの半年間余りをつないだのは、当事者チーム（認知症の人と家族）のメンバーでした。このチームを中心に認知症カフェ準備会が開催され、カフェのイメージができあがりました。後述するカフェの３部構成もこのときのアイデアです。この時点では予算も後ろ盾もなく、認知症本人と家族を中心に始めた試行的なカフェでしたが、会場を引き受けてくれたコミュニティレストランの好意とこれまで培ってきたネットワークが有効に機能し、地域の専門職が無償でスタッフを引き受けてくださいました。新しい場は専門職にとっても新鮮な驚きと魅力に満ちていて、そのエネルギーが場を支えていました。

　宇治市の認知症対応型カフェのコンセプトは、①認知症の人も、認知症ではまだない人も、すべての人が立ち寄れ、安心して過ごせるカフェであること、②認知症について正しい理解を深められること、③カフェの場には、認知症のことを理解した専門職がいて、気軽に話せる場であることとしています。ここは、認知症の人やその家族、地域住民、専門職が普段着で集まり、立場や職種を超えて、人と人とが交わる空間です。全国的に認知症のシンボルカラーとしてオレンジが使われていますが、宇治市では認知症ではまだない一歩手前の段階から「誰もが安心して過ごせる場」ということで、オレンジよりも薄い色の「レモン」を採用し、認知症対応型カフェを、「れもんカフェ」と呼んでいます。

場所探し

初年度である2013年度は市内の地域包括支援センター圏域のうち4圏域、4会場で開催しました。会場は、公共施設である地域福祉センター2か所、普段はカフェ・レストランとして営業している喫茶店、NPO法人が行っている民家型コミュニティカフェの会場（コミュニティカフェへの相乗り）の4会場を選定し、多様な形態の会場で開催しました。喫茶店の会場では6月の開始以降、毎月1回開催、残りの3会場ではおおよそ3か月に1回カフェを開催し、見えてきたそれぞれの会場の課題や利点をもとに次年度からの会場選定の基準を再検討しました。

2014年度からは6地域包括支援センター圏域のすべてで開催となり、初年度の4会場の中で特に「本人・家族の居場所」的な雰囲気が大きかった「地域の喫茶店」を新規会場として選定することとしました。２０１４年度以降の会場は、圏域の地域包括支援センターからの紹介を主なルートとし、会場の広さ、立地状況（参加者の集まりやすさや地域性、地域住民の関心度、その地域の社会資源の有無など）を場所選びの基準にしました。初年度に毎月1回開催した会場は引き続き月1回の年12回、その他の5圏域では年4回ずつの開催とし、さらに追加で新規会場でのお試し開催も行っていきました。宇治市全体としては、毎月2～3回は市内のどこかの会場でれもんカフェを開催しているという形になりました。

スタッフ

２つの地域包括支援センターに配置されている認知症コーディネーター2名と圏域担当の地域包括支援センター職員を中心に、医療・福祉専門職のボランティア（れもんサポーター）、さらに２０１７年度からは宇治市の認知症関連事業に協力いただいているボランティア「れもねいだー」も加わり運営しています。「れもねいだー」とは２０１４年度から宇治市で開催している「認知症を正しく理解するための連続講座」をすべて受講された方の中で、ボランティアとしての活動登録を希望された方たちです。専門医も毎回参加し、認知症のミニ講義やカフェ終了後のスタッフミーティングを担当しています。

専門職との関係

カフェの企画調整、個別の相談対応は運営の中心を担っている地域包括支援センターの専門職員が担当しています。ボランティアスタッフは専門職と一般市民がおり、主に参加者の話し相手や喫茶の配膳、参加者から相談を受けたときの職員への橋渡しの役割を担っています。また、参加者との接し方やカフェの中での動き方など、わからない点や疑問、気づきがあった場合はカフェ後のミーティング時に皆で話し合い、確認、共有するようにしています。

カフェの開催方法

れもんカフェは3部構成で実施しています。第1部は専門医や専門職、認知症の当事者による「認知症についてのミニ講演」を30分程度行います。会場ごとに参加者の顔ぶれに合わせて、内容を変えています。第2部では地域の音楽家などによる30分程度の「ミニコンサート」を行います。毎回、ピアノ、フルート、ギター、二胡など様々な楽器の奏者が1組演奏を担当します。演奏者には参加者の年代に応じた歌を中心に演奏してもらいます。参加者がリクエストした曲が演奏されることもあり、参加者が一緒に口ずさむ歌声で会場が和やかになる時間です。

ミニコンサートで会場の空気が和んだ後は、第3部のカフェ・交流タイムに入ります。この時間は、飲み物やお菓子をいただきながら、認知症の当事者・家族、地域の人、専門職が自由に交流します。「認知症の人」や「医療・福祉の専門職」など各々の立場は関係なく、垣根を越えた自然な交流がなされます。カフェは、専門職も専門医も普段着で参加しており、気軽に相談できる雰囲気になっています。さらに、個別に相談を希望される場合は、カフェ終了後に専門職のスタッフが対応しています。

1時間30分のカフェを3部に分けて構成し場面転換をすることで、誰もが過ごしやすい流れになることを意識しています。また、カフェに求める目的が参加者によって違うので、ミニ講演、ミニ

コンサート、交流タイムと様々な要素をカフェに入れることで、それぞれの参加者の目的を満たすことができるように考えています。特に前述したように、第1部のミニ講演ではその日のカフェの参加者の顔ぶれに合わせて、「本人・家族向けのお話」「一般市民向けのお話」などと内容を変えています。そうすることで、会場ごとに持つカフェの役割をより生かせるようにできると考えています。

参加している人の状況

2016年度は6か所の地域包括支援センターを拠点に11の会場で合計33回開催しています。同じ3部構成でも会場が違うと、参加者の顔ぶれも参加者の人数も違い、カフェの雰囲気も変わります。

宇治のカフェは大きく分けて「当事者中心の居場所型」と「地域の方中心の啓発型」の2つの形で展開しています。居場所型のカフェは地域の喫茶店を借りて開催しており、当事者の方が気軽に集える、交流できる、相談できる、さらには役割を持てるということを主な目的としています。それぞれの喫茶店の規模に合わせて15～30名程度の方が参加されます。啓発型のカフェは地域福祉センターなどを会場として開催しており、認知症について正しく理解していただくこと、「れもんカフェ」について知っていただくことを主な目的としています。会場は喫茶店と比べると広く、30～

60名程度の方が参加されます。2年目の啓発型のカフェでは、より多くの方に参加していただきカフェを知ってもらおうと広報を工夫したところ、多いときには約100人の方が1回のカフェに参加されることがありました。しかしその結果、「カフェらしい雰囲気が感じられなかった」「人が多くゆっくり過ごせなかった」という声もあり、それ以降、啓発型のカフェでも参加人数を意識して呼びかけを行っています。

事業が定着した2014年度からは、認知症の人、家族のカフェへの参加の形も様々になってきています。開催会場が増えたこと、地域包括支援センター圏域に関係なく参加いただけることから、自分たちに合ったカフェを選んで参加する人、市内のれもんカフェを巡って参加する人もおられます。また、参加対象者は「宇治市内在住の方」と広く設定しており、認知症の人や家族、認知症の不安がある人や認知症について理解を深めたいという地域住民、介護保険サービスを利用している方や介護予防教室を利用している方など様々な方が参加されています。

参加している人の声

参加者全体からは、「認知症についてのミニ講演が勉強になった」「音楽を聞けて、一緒に歌を歌えて楽しかった」「同じ立場の人と交流ができてよかった」という感想が多く聞かれます。また、れもんカフェに参加した一般の方からは、認知症のミニ講演や本人のお話を聞いて「認知症に対するイメージが変わった」「認知症になることは怖いことだと思っていたが、その意識が変わった」という声も聞かれます。カフェの第1部のミニ講演や第3部の交流タイムで会場全体に向けて話をしてくださる本人、家族からは「カフェに参加することで仲間を作れた。自分たちが参加するだけでなく、自分たちの後に続く人たちにもつなげていけるような活動をしていきたい」といった言葉もいただきました。また認知症の告知を受けたときに自分が感じた不安と恐怖を「屋根の上から後ろ向きに飛び降りる」との言葉で説明してくれた本人の話は参加者に深い感銘を与えました。以下は、そのときの彼の言葉です。

北海道の冬。雪が積もると屋根の雪下ろしをする。雪下ろしのあと、屋根の上から積もった雪の上へと飛び降りるのが子供時代の楽しい遊びだった。あるとき、それを前向きに飛び降りるのではなく後ろ向きに飛び降りてみた。自分が落ちていく先がまったく見えないことの不安、前向きに飛び降りるときの楽しさは一転して恐怖に置き換わった。認知症と向き合ったときの不安、『忘れること、判らないこと、解らないこととへの恐怖』は、何かにたとえるとすれば『屋根の上から後ろ向きに飛び降りるときの恐怖』に似ていた。先がまったく見えないことの不安、これから自分がどうなっていくのか、その落ちていく先の世界もその過程もまったく見えないことの恐怖。それが認知症と向き合ったときの感覚だった。

こうした不安と孤独と葛藤の日々が、れもんカフェで仲間と出会うこと（ピアサポート）により一変していった経験を「そこには希望と明るい笑顔があった」といった言葉で表現してくれました。中には「認知症を予防するための話」や「実際の介護の話」を聞きたかったと言われる方もいますが、カフェでは認知症の当事者が排除されない内容を行うようにしています。

いろいろな切り口で、自由な参加の形をとれるということも、れもんカフェの特徴として挙げられます。たとえば、閉じこもり気味である若年性認知症の妻を心配する夫から相談があったケース。夫は本人の外出の機会が少なく、閉じこもり気味であるため認知症の進行が進むのではないかと心配しての相談でしたが、本人は必要時以外の外出を拒まれていました。れもんカフェを本人に紹介したところ、はじめは「私が行くところではない」と断られました。そこで、本人の得意であった「生け花」でカフェの会場を彩ってほしいとお願いしたところ、引き受けてくださり、生け花の流れでカフェに参加していただけるようになりました。現在は、生け花をお願いする会場にはご夫婦で参加、それ以外の会場には本人は参加されませんが、夫が他の参加者との交流の機会、情報交換の機会として参加されています。夫は「カフェをきっかけに自分自身も、知り合いの輪が広がってよかった」と話されています。このように、参加の仕方、目的も参加者によって様々であり、それがカフェの利用の幅を広げていると思います。

継続して参加されている方の中に、「カフェで何か役割を持てるとよい」と言ってくれる方がいます。今は、まだカフェの中でそのような方の個々の能力を発揮できる機会が少ないため、今後そのような機会や場面を増やしていくことが必要だと考えています。また、市内の地域包括支援センター圏域ごとに開催していますが、自宅近くに会場がなく移動手段がないという声も聞かれるため、それもんカフェに参加したくても参加できない人にどのように来ていただくかも今後の課題です。

経費についての考え方や経費の具体的な内容

宇治市では、認知症対応型カフェを委託事業として実施していますが、カフェの運営費だけを経費として計上しているのではなく、カフェを含む宇治市の認知症関連事業全体を「初期認知症総合相談支援事業」として計上しています。

この事業は、認知症初期集中支援チームと、認知症対応型カフェの企画、二次予防事業該当者訪問の3つを柱としており、初期の認知症の人と専門職ができる限り早い段階で出会えるような構成にしています。その他、認知症の人を介護している家族への家族支援に関する事業や、認知症サポーター養成講座などの事務局機能も含めて委託費としています。このような構成により、初期認知症の人と出会った際、その人の状況に合わせて、いろいろな角度から支援できる事業につなぎ、継続した支援を実現しています。

この事業は、専任で行う認知症コーディネーターを配置しており、そのコーディネーターがすべてのカフェの企画に携わっています。委託費の多くは、認知症コーディネーターの人件費や、認知症初期集中支援チーム員の人件費ですが、その他としてカフェの運営費や事務局機能も経費に含んでいます。

カフェ当日の運営では、お借りする会場の会場費、参加者へ提供するお菓子と飲み物代、音楽を演奏していただく音楽家への謝礼、その他の消耗品代として予算をあてています。

運営上の工夫や気をつけていること

「参加している人の声」でもあるようにカフェが、認知症の当事者が役割を担える場、能力を活かせる場になることも目的としています。まだ一部の方ではありますが、本人が得意とする部分に焦点をあて、第1部のミニ講演を担当していただいたり、会場のお花を活けていただいたり、喫茶の配膳を手伝っていただいたりと、その方に合わせた役割を担っていただけるようになってきています。

毎月１回開催しているカフェでは、継続して参加いただいている方のご様子の変化をみること、はじめて参加された方にカフェへ参加されたきっかけ（参加目的や相談の有無など）を自然にお聞きすることを心がけており、カフェの参加者を把握するように努めています。参加者ごとの個別の情

報の管理はしていませんが、カフェ後にはスタッフでミーティングを行い、情報共有を行っています。スタッフ間で情報を共有することで、カフェでの参加者への接し方の向上にもつながっていると考えています。

カフェではスタッフと参加者がいますが、カフェでの立場について「援助する側」と「援助される側」にならないようにすることも心がけています。一緒にカフェという場を楽しむ、交流する、その中で必要な支援を自然に行う、参加者の皆さんと対等な立場で過ごすことを目指しています。

さらに、宇治市の特徴としては、「れもんカフェ」と「認知症初期集中支援チーム」の連動が挙げられます。これは、カフェが初期集中支援チームの支援の「入り

口」、支援の「つなぎ先」の役割を担うことができるという強みがあることです。れもんカフェで受けた相談の対応をスムーズに行えるように、毎回、カフェには圏域の地域包括支援センターと初期集中支援チームのチーム員が参加しており、カフェの受付の時点で相談希望の把握を行っています。カフェで受けた相談は、必要に応じて初期集中支援チームにつないでいます。カフェの場がチーム員との出会いの場となり、自然な形で支援に入れるという利点があります。また、チームが支援したケースに対するフォーマルサービスのひとつとして、家族と一緒に参加できるカフェを紹介し、チームのかかわりが終了したあとも本人、家族をサポートさせていただくこともあります。

ひとつの事例を紹介します。2016年度から、ケアマネジャーの紹介でれもんカフェに参加された女性。訪問系のサービスは隔週で利用していましたが、夫としては通所系サービスを利用して自分が休まる時間を持ちたいという希望を持っておられました。カフェでお会いする中で、夫が疲弊している姿が見られ支援の再構築が必要だとスタッフが感じ、夫とケアマネジャーと相談して初期集中支援チームにつなげることになりました。初期集中支援チームの働きかけで認知症疾患医療センターでの短期入院、服薬調整を行いました。また、入院中にれもんカフェに参加していただいたり、デイサービスのお試し利用を何度か行いました。結果、退院後はデイサービスの定期利用につながり夫婦の生活が安定され、チーム員のかかわりが終了した今も、月1回れもんカフェに参加されています。れもんカフェでは本人が笑顔で歌われる姿、夫が他の参加者と交流する様子が見られます。

このように、れもんカフェと初期集中支援チームの連動した形が宇治市の強みになっています。

困難をどう克服したか

初年度の2013年度はれもんカフェという「新しい場づくり」が取り組みの中心となりました。カフェ開催までの経緯にも記していますが、試行のカフェは事前に把握している参加者を対象に開催されていました。市の事業となるときに市民誰もが参加できる「開かれた空間」になることが求められ、そこで課題となったのが、今まで築いてきた当事者の居場所的空間を維持することと新しく誰もが参加できる開かれた空間を両立することでした。様々な人がカフェに参加することで生まれた「当事者の中の緊張」を軽減するため、カフェの3部構成を組み立て、さらにスタッフの動き方についてはカフェ後のミーティングで話し合いを重ねました。また、参加の呼びかけについても圏域の地域包括支援センターとカフェの回数を重ねながら検討していきました。その結果、市の事業になって1回目のカフェは、会場の広さに合わない多すぎる参加者と関係者、窮屈な空間の中ではじめて会う方も多く、様々な方が参加されている状況の中で本人の緊張も強くなっていましたが、2回目、3回目と検討を重ねていくことで、本人・家族にとって居心地のよい空間に近づいていきました。また、本人・家族側もカフェの空間に慣れていかれたように思います。

2年目の2014年度は、市内6つの地域包括支援センター圏域でカフェが開催されるようになりましたが、そこで課題となったのは、様々な条件を異にする6拠点の認知症カフェの運営でした。3部構成やスタッフの構成は踏襲できても新しいカフェには「居場所」としての蓄積がありません。苦慮した結果、新しいカフェは過渡的には「啓発型」と位置づけ、継続していくことで独自にそこを居場所とする当事者の登場を待つ方法をとり、回を重ねるごとに徐々に新しく定着していく認知症の本人が誕生していくことを目指しました。また、れもんカフェの回数が浅い頃は、1回1回が「イベント」のようになっている部分もありましたが、回数を重ねることで徐々に参加者にもスタッフにもカフェが定着していきました。参加者同士や参加者とスタッフが顔見知りになり、馴染みの関係となっていったことで、自然と特別感がなくなっていったように思います。

全体を通しての課題としては、関係しているスタッフの思いの統一があげられます。宇治市のカフェは地域包括支援センター圏域ごとに開催しており、かかわるスタッフも多くいます。そのため、現在でも統一しきれていないと感じていますが、この部分が今後のカフェの方向性に大きくかかわっていくといえます。5年目を迎えている今、これまでのカフェの在り方を振り返り、今後について皆で考える機会が必要となっています。

地域とのかかわりと街づくり

宇治市ではれもんカフェ単体ではなく、認知症事業を一体的に進めています。特に、大きな転換期となったのは２０１４年度、カフェ開設2年目になります。カフェという「新しい場」の形ができあがり、2年目に取り組んだことは「認知症の当事者が当事者としてカフェに自然に登場できる基盤作り」でした。地域にはまだまだ「認知症にだけはなりたくない」という考えが強く残っており、「認知症」ということをオープンにすることは本人や家族にとって、大きな決意が必要であったと思われます。転機となったのは山本正宇治市長のれもんカフェへの参加と、認知症サミット日本後継イベントの宇治市での視察対応でした。２０１４年の5月、れもんカフェに山本正宇治市長が参加し、認知症についてのミニ講義を聞き、参加者と交流しました。このカフェへの参加がきっかけとなり、そのわずか5日後には市長が「認知症の人にやさしいまち・うじ」を目指す意向を表明し、以降、市長のリーダーシップのもと認知症事業を展開していきました。２０１４年11月には、認知症サミット日本後継イベントにおいて、宇治市が自治体唯一の視察先として選ばれ、市長をはじめ、認知症の本人と家族、関係機関が一緒になって主要国首脳会議に参加する7か国の専門職をれもんカフェでお迎えしました。この経験が、本人と家族に大きな変化をもたらしたように思います。この流れを受けて、２０１５年3月21日に行われた「認知症フォーラムｉｎ宇治」では、認知症の当事者みずからが登壇し、認知症と診断されてからの思いや葛藤、現在の活動について語られるなど、認知症ということをオープンにして活動されるようになりました。さらに、このフォーラムの最後に山本市長から「認知症の人にやさしいまち・うじ宣言」が出されました。

3年目の２０１５年度からはれもんカフェの啓発型会場で、第1部のミニ講義にて当事者が語られるようになり、当事者が当事者としてカフェに登場されるようになりました。「認知症の当事者が語る」ということが地域の方の認知症の疾病観を変える大きな原動力となっています。そして、「認知症の人にやさしいまち・うじ宣言」が出されて1年後の２０１６年3月21日、「認知症アクション・アライアンス〝れもねいど〟」が始動しました。「れもねいど」とは、これまでの医療・介護・福祉の専門的ケアの分野での連携に加えて、市民や様々な業種が幅広く参加し、つながる広範囲なネットワークを宇治市内全体で形成するという取り組みです。現在は、金融機関や交通機関、商店など幅広い業種に加盟いただき、それぞれの立場で「認知症の人にやさしいまち」づくりにつながるアクションに取り組んで頂いています。もちろん、その取り組みには常に認知症の本人・家族の声が反映されています。

今は、れもんカフェが認知症の人と家族の「居場所」となるように展開していますが、その先にはカフェから宇治市全体が認知症の人の居場所となることを目指しています。それが、認知症の人が認知症ということをオープンにして自然に登場できる「認知症の人にやさしいまち・うじ」の実現につながると考えています。

（京都府立洛南病院　副院長、森俊夫・中宇治地域包括支援センター　社会福祉士、佐野友美）

4

認知症カフェに必要な医療・ケア・施策の基礎知識

2012年に厚生労働省から示された統計では、認知症の人の数は日本で462万人、その前段階とされる軽度認知障害の人の数も400万人と推測されており、あわせると862万人で、高齢者人口を3074万人（2012年推計）とすると、認知症およびその前段階の人の合計は65歳以上高齢者の4人に1人を上回ります（佐藤通生「認知症対策の現状と課題」『調査と情報――ISSUE BRIEF』846）。とても頻度の高い疾患であり、「ありふれた病気」ですが、一方で、認知症は複雑な脳の機能を障害する病気ですから、とても難しく専門的な病気でもあります。しかし、超高齢社会の到来によって、この専門的な病気を誰もが理解し、自分や家族、近隣の人々が認知症になっても、住み慣れた地域の中で暮らしていくことを大切にしていこうということが求められています。できないことが生じるけれど、認知症とともによりよく生きていくことはできるという視点も持って理解を深めていくことが大切です。

そもそも「認知症」ってどんな病気だろう？

認知症という病気の大きな課題は、有病率が高いということです。認知症を持っている人の割合が大きいかどうかは、他にも多くの病気がある中で、第1に問題視することではないという意見もあるかもしれませんが、誰にでもある身近な病気という要素は大事です。2012年に報告された推計によると、日本で462万人、65歳以上高齢者の15％とされています。65歳以上の年齢階層別に示すと、65～69歳では男性2・8％、女性3・8％、70～74歳では男性4・9％、女性3・9％、75～79歳では男性11・7％、女性14・4％、80～84歳では男性16・8％、女性24・2％、85～89歳では男性35・0％、女性43・9％、90～94歳で男性49・0％、女性65・1％となっています。5歳区分で年齢が上がるごとに倍増していっています。この年齢階層ごとの有病率は、すぐに大きく変化することはありませんが、高齢化がどんどん進んでいる日本においては、今後ますます高齢者が増え、認知症になりやすい年齢の人口も増えていくので、結果として認知症の人の数は今後も増えていくと推計されています。2025年には、認知症の人の数が約700万人、高齢者人口の5人に1人になるといわれています。誰もが自分のこととして認知症になった場合のこと、家族が認知症になることを考えておく必要があります。そして、もうひとつ大事なことは、認知症という病気が、脳の働きという複雑で理解しにくい機能の障害を来し、生活のあらゆる場面に影響するため、多くの人がしっかりと学んでいく必要があるという点です。

認知症というのは、ひとつの病気ではなく、複数の病気からなる疾患群です。認知症＝アルツハイマーと思われている場合、あるいは、認知症は誰でもなるものだけれど、アルツハイマーは特別な病気というように、認知症とアルツハイマーは別と考えられている場合もありますが、どちらも違います。認知症というくくりの中に、アルツハイマー型認知症、脳血管性認知症、レビー小体型認知症、混合型認知症などの種類があるのです。２０１２年の厚生労働省の研究班の報告によると、アルツハイマー型が67・6％、脳血管性が19・5％、レビー小体型が4・3％で、この3つで、91・4％になりますから、この3つが3大認知症と呼ばれることもあります。その中でもアルツハイマー型は7割近くを占めますから、認知症＝アルツハイマーというのもあながち誤解というわけでもないかもしれません。認知症カフェという観点で考えたときも、それぞれの病気による違いを知っておくことは大切ですが、割合からすると、アルツハイマー型認知症の人の来店者が多いであろうということは推測されます。

ただし、認知症症状を来す病気の種類はまだまだ多数あります。3大認知症以外ということになると全体でも10％に満たないわけですが、この中には治るタイプの認知症というものも含まれるので、認知症症状があるときに、きちんと診断を受けて、治るタイプではないかという見極めをすることは大事です。これらの病気には、甲状腺機能低下症、ビタミンB12欠乏症、慢性硬膜下血腫、正常圧水頭症などが含まれます。甲状腺機能低下症とビタミンB12欠乏症は血液検査を行えばわかり、その診断を受けた場合は不足しているホルモンもしくはビタミンを補います。慢性硬膜下血腫と正常圧水頭症は、症状およびＣＴ／ＭＲＩなどの画像検査で診断を行います。ごく軽い場合には手術をせずに様子を見る場合もありますが、認知面や身体面の症状が強い場合は手術を行って治療します。認知症カフェに来られている場合も、認知症症状があるにもかかわらず病院にはまだ受診していないという場合は、一度は、病院に行くように勧めることが必要です。

もの忘れだけじゃない？　認知症の様々な症状

次に認知症の症状について説明します。認知症カフェで認知症の人と上手に接したり、家族の気持ちに寄り添ったり、地域の人々の認知症にまつわる疑問について話し合ったりするときに大事な知識ですので、カフェで経験を積みつつ、繰り返し学びましょう。

認知症の症状には大きく分けて2つのカテゴリーがあります。ひとつは、中核症状と呼ばれるもので、もの忘れ（記憶障害）、判断力や概念的にものごとを考えたり、計画的にものごとを行う力の低下（実行機能障害）、言葉の理解や発話する力の低下（失語）、簡単な器具の操作や着衣動作の障害（失行）などが含まれます。少し複雑ですが、誰もが日常で空気のように当たり前に思って使っている脳の働き（認知機能）の障害です。少しずつ理解し、慣れるようにしていきましょう。

●近時記憶障害

まず1番に出会う頻度が高いのは、もの忘れです。一般的にも初期の認知症の症状として「昔のことはよく覚えているのに、さっきのことを忘れている」といわれるように、昔からのことや認知症状が出る前からの記憶である遠隔記憶を分けて考えることが大事です。近時記憶は、脳の中では、海馬や側頭葉の内側が主にかかわっており、アルツハイマー型認知症の場合、早期から低下していきます。具体的には、以下のような現象になります。

・物の置き場所を忘れる。
・同じ話の繰り返しがある。
・同じことを何度も尋ねる。
・大事な約束や自分がしたこと、話したことを忘れている。

認知症カフェでの出来事の場合、「自分がカフェで何を注文したか忘れる」「前回、カフェに来たときに誰とどんな話をしたか忘れている」というようなことになります。ただし、近時記憶がどの程度保たれているかは人によって異なり、何度も来店し、なじみになってくると、ある程度顔なじみになって覚えていることがあったり、細かな出来事も思い出せる場合もあります。そうかと思うと、とても印象的な出来事さえもきれいさっぱり忘れている場合もあります。

もの忘れ外来などで検査を行う場合は「桜、猫、電車」というような単語を覚えていただいて数分後に繰り返していただいたり、もっと複雑な検査では短い物語を覚えていただいて、30分ほどして尋ねたりします。

気をつける大事なポイントとして、会話のやりとりを行う範囲での短い記憶（即時記憶）と遠隔記憶が保たれていると、なにげない会話では、まったく記憶の低下に気がつかないことがあります。気がつかないということには良い面もあれば、悪い面もあります。まず良い面として、会話や会話を通じたコミュニケーションを楽しむことができます。テレビを見ているときなども、初期の認知症の人の家族から、「クイズ番組では、私よりもよく知っていて、答えをあてるのに、午前中に言ったことを忘れている」というような質問を受けることが、よくあります。即時記憶、近時記憶、遠隔記憶の3つの違いがわかれば、この謎はすぐに解けますね。

日常生活は記憶の奔流のようなものですので、近時記憶が保たれていないと、話がどこから流れてきて、どこに向かっているのかわかりにくく、しかもその話の流れの中でひとりぼっちで流されているような気持ちになります。それはどんなに心細いことでしょう。認知症カフェなどを通じて、近時記憶の障害という目に見えない障害を、周囲の人が理解することで、近時記憶が低下している人の無念や心細さがやわらぐでしょうから、見えないものを認識し見るというつもりで、経験を積んで下さい。

もう1点、話がさらにややこしくなるかもしれませんが、記憶には時間の流れに沿った分類（即時、近時、遠隔）の他に、エピソード記憶と手続き記憶という2つのジャンルがあります。エピソード記憶の中に、即時、近時、遠隔の記憶があり、その他に、手続き記憶があると理解するとよいかもしれません。では、手続き記憶とは何でしょう？　簡単に言うと何度も練習し、身体で覚えた記憶と言えます。自転車に乗る、包丁を使いこなす、編み物をする、テニスをするなどの行為が手続き記憶ということができます。習慣的に身についている行動ともいえます。簡単な調理などは、この手続き記憶でもおおよそこなすことができます。そのため、一人暮らしで中等度近くの認知症になっているにもかかわらず、財布を持って買い物に行き、品物を買ってお金を支払い、簡単な調理をするということができている場合もあります。仕事でも、会社の経営のように複雑な計画や判断が必要な場合は、認知症が始まった場合、すぐに業務に破綻が生じてきますが、長年培った手作業が大事な仕事などでは、認知症を発症していても気づきにくい場合もあります。

●実行機能障害

次に実行機能障害についてです。実行機能障害というと耳慣れない感じですが、先ほども書いたように、実行機能とは判断力や概念的にものごとを考えたり、計画的にものごとを行ったりする力です。日常的なことでは、晩ご飯のメニューを考え、それに沿った買い物を行い、家に帰って順序よく食材を調理するというような一連の家事の大部分が実行機能に含まれます。ここで、少し難しいのは、この一連の動きには、近時記憶の要素も含まれることです。たとえばメニューの計画通りに買い物ができるかどうかなどは実行機能よりも近時記憶が大事な場合があります。「今晩はすき焼きと言っていたのに、なぜ焼き魚になったんだ？」というようなときは、近時記憶低下が関係しています。

もの忘れ外来に来られた場合、実行機能を評価するのに、いろいろと複雑な検査もありますが、簡単な例ではことわざの意味を聞く、野菜の名前を言ってもらうというようなことで簡便な推測をする場合もあります。「棚からぼた餅とは？」と尋ねた場合、「棚からぼた餅が落ちてくることかな」と言うのは、言葉の表面を捉えているだけですので誤りです。「思いがけず幸運なことが飛び込んできた」などと答える必要があります。野菜の名前を列挙してもらうというのも、「野菜」という一般的なものを想像して、そこに含まれる具体的な野菜の名前を挙げていくという抽象化した思考が必要になります。

このように記憶が悪いのか、記憶の中でも、近時記憶が鈍っているのか、その他のところか、実行機能の障害がどの程度混じってきているのかなどは、分析的に見ていく必要がありますが、このようなことがあることを念頭に、それぞれの人が、「どういうことはでき、どういうことが難しいのか」「何を少し手伝えば、一連の行為が可能になるのか」などを見極めながら、初期の認知症の人のできることを最大限に引き出すようなかかわりを行うようにしましょう。

もの忘れ外来では検査である程度そのあたりを見分けていきますが、家庭やカフェの場でも、注意深く観察していると、見当はつくと思います。もの忘れ外来で家族に助言するとき、「今までできていたことの1割ぐらいはできなくなっているかもしれませんが、少しの手助けがあれば9割のことはできるはずです。1割のことができないからといって、すべてを奪うのではなく、できないところだけを手助けするようにして下さい」とお伝えします。台所仕事などで具体的に話をすることもあります。ただし、いくら丁寧に分析しても、できること、できないことの他に、本人や家族の気持ちの問題も関係しますので、助言をしたりする場合は、それらを総合的に行うことが必要です。でも、カフェスタッフとして話を聞く場合、難しく考えすぎず、できる範囲の見極めや共感を行いつつ、経験を積んで下さい。

●視空間認知障害、構成障害、失行

認知症でよく見られる認知機能障害の3つめに、視空間認知障害、構成障害、失行について記載します。これらは専門的には失認・失行として更に細かくも分類されますが、認知症の人の症状を見る場合、混じりあっていることも多く、明確にどの障害と言いにくい場合も少なくありません。この中で1番有名なのは、着衣失行と呼ばれるものです。手足に麻痺がなく、普通に動いている分にはどこにも異常がないように見えるAさんですが、コートを着るときや靴を履くときがうまくいきません。どこに手を通せばいいのか、靴のひもをどのように結ぶのか、時間をかけてもうまくいきません。そのようなときは、デパートでコートを買うときのように、声をかけながら、右左片方ずつ手を通すように誰かが手伝うと、困った表情が笑顔に変わります。

主に頭頂葉の働きですが、知覚したものを、知覚や構造にあわせて行動に転換するという働きを担っている脳の領域があります。ドアのノブの形、水道の蛇口の形状にあわせて手を動かすというような、視覚的に捉えた物の形にあわせて手のひらを動かし、物に働きかけるということは、ふだん意識せず簡単に行っていますが、一連の高次脳機能が必要です。

もの忘れ外来でこの点を簡便に評価する場合、2つの五角形が重なった図や立方体を斜め上から透視した図を模写してもらうという検査を行います。文字を書くこと、特に漢字を書くことが難しくなることも、この点と重なります。その他にも、積み木を模様にあわせて組み立ててもらったりします。きつねや鳩の手真似をしていただくこともあります。立方体の模写を行うことと洋服の後ろ前や袖を見極めて服を着ることと、必ずしも相関するとは限りませんが、おおよその具合を見極めることはできます。お湯を注ぐポットにもいろいろな種類がありますが、ポットの上の真ん中を押して、注ぎ口から、カップのちょうどよい位置にお湯を注ぐというような行為も、空間的な位置関係を見極めながら一連の動作を行う必要があります。このように、日常生活の中には空間的な配置をよく見極めつつ、身体を動かす動作はたくさんありますので、ここでもできること、できないことを見分け、できないことはそっと手助けしたり代わりに行い、できることはしてもらうということが大切です。

●失語

次に言葉の問題について記載します。「おしゃべりはごちそう」という言い方もあるぐらいですし、カフェでは言葉は大事なテーマです。幸い、認知症カフェに来られることの多いアルツハイマー型認知症の場合、中等度になる頃までは、言葉自体の問題はそれほど目立たないことも多いです。昨日出会った人の名前が出てこないというのは記憶の問題です。一方、よく知っている人の名前が出てこないとか、日常でもある程度使う物の名前が出てきにくいのは健忘失語という失語症状のひとつです。会話に多少支障が出てきますが、それほど支障がないこともあります。健忘失語は加齢だけでも出てきますので、必ずしも認知症の症状とは言えないことに注意が必要です。

言葉を発することがうまくいかない場合も失語症状の中にはあります。大きくくると運動失語といい、言葉の流暢性が低下しているというふうに捉えます。しゃべることが少なくなる傾向にありますが、話そうかどうかという気持ちよりも、話したい内容が、うまく言葉にならないという場合が多いように思います。運動失語の中にもいろいろな種類があり、専門的なことまで覚える必要はありませんが、話したい気持ちはあるのに話せないというのは、話そうとする本人にも、聞くほうにもストレスになる場合が多いかもしれないと心得ておきましょう。カフェの場で話すことよりも、本人やスタッフの興味にもよりますが、散策に出かけるとか、身体を動かして、アイコンタクトをとるというような対応が有効な場合があります。

失語のもうひとつの大きなジャンルとしては、感覚失語といって言葉の理解が難しくなる場合があります。本人の話し言葉自体は流暢ですが、話の内容が少し空疎になったり、こちらが話すことの理解がうまくいかなくなります。脳血管障害では、感覚失語や運動失語が特徴的に出てくる場合がありますが、アルツハイマー型認知症の場合、他の症状とあいまって出てくることも多く、この点も初期段階ではなく、中等度の頃に出てきます。第2章にも書いておきましたが、一度にまとめて多くのことを話さないようにすること、相手が理解しやすいスピードで話すことなどは基本として心がけます。

●生活機能障害

これらの認知機能障害により、日常生活での活動や動作における障害が生じてきます。生活機能には大きく分けて2つ、すなわち手段的日常生活活動（IADL : instrumental activities of daily livings）と基本的日常生活動作（BADL : basic activities of daily livings）があります。ちょっと専門的で難しく聞こえるかもしれませんが、ＩＡＤＬというのは、買い物、乗り物を使った外出、年金・銀行通帳の取り扱いなど主に家の外に出ての活動や調理器具などの道具を使いこなしての動作になります。

一方、ＢＡＤＬは、食事をする、トイレを使う、ベッドから食卓へ移動するなどの家の中で行う基本的な動作です。実行機能障害のところに書きましたが、買い物、調理という一連の動作の中でも近時記憶、実行機能などが複雑に関与しています。しかし、認知症の中で最も多いアルツハイマー型認知症の場合、それぞれの認知機能の低下が徐々に進む中で、それらと並行するように、ＩＡＤＬのそれぞれが徐々に低下し、認知症が中等度の頃になると、ＢＡＤＬが徐々に低下していくというように、認知機能全体の低下と、生活機能の低下は時期や程度に相関関係があります。ただし、もともとどのようなことに慣れていたかとか、個人個人の生活の複雑さや無意識に生活を縮小している様子によって、認知機能障害がどの程度生活機能に影響を及ぼしているかは異なりますので、それぞれの人によって読み解くことが必要です。

認知機能障害と生活機能障害との違いとして大事な点は、認知機能の低下自体は障害としてあるものですが、そこから生じてくる生活機能障害は他者により支援することが可能な場合も少なくないことです。認知症による生活機能障害の大部分は目に見えない形で起こってくるため、観察しているほうが知識を持っていないと支援することができませんが、知識を持って観察していると、それぞれの人が、どのようなことができず、何ができるのかを見極めることは可能です。

●周辺症状（行動・心理症状）

認知症に伴って妄想、幻覚、興奮、不安、うつ、異常行動や更には睡眠障害、食行動異常などが出てくる場合があります。妄想の中にも、物盗られ妄想、被害妄想、嫉妬妄想などがあります。これらの症状は、以前は記憶障害などの中核症状に対して、周りの人や環境との相互作用によって周辺に出てくる症状として周辺症状と呼ばれていました。しかし、必ずしもそのような形ではなく、神経障害により直接出てきていることもあるため、最近では行動・心理症候（BPSD : behavioral and psychological symptoms of dementia）と呼ばれることが増えています。認知症カフェに来られる人にはこのようなＢＰＳＤが目立たないか、ある程度、生活指導や服薬調整によってＢＰＳＤが軽快、消失した人が来ることが多いため、カフェで遭遇することは少ないかもしれません。しかし、一般的には、認知症が怖い病気と思われる大きな原因として、ＢＰＳＤとそれに伴う家族の負担感の強さが挙げられますので、ＢＰＳＤの知識は大切です。認知症のＢＰＳＤが、カフェに通うことによって、生じてくるのを回避することもカフェには期待されています。そのような意味で、ＢＰＳＤについて、知っておくことは大切です。

少しカフェに関連した事例を示します。Ｂさんはカフェに通っていた70代の男性です。妻と二人暮らしで、将棋と書道が得意でした。いつも、「将棋は三段、書道は二段」などと楽しく自慢話をしておられました。話の繰り返しは多く、自分が認知症であるという病識はほとんどありませんでしたが、妻が上手にカフェに誘ってこられたり、本人が自転車やタクシーでカフェに行き着けるよう配慮されていました。しかし、ある頃、「カフェには暴力団が来るので、もう行かない」とか、カフェで将棋が一段落したときに、「別のところにオレンジカフェがあるので、そちらに行く」と言って、ふらっとカフェから出て行かれることが増えてきました。「妄想」というのは、その人が「実際にはないことを信じていて容易に訂正できない思い」という定義がありますので、定義通り、「そのようなことはありませんよ」とスタッフが説明しても、その思いが訂正されることはありませんでした。「そちらに行く」と言われたときは、そっと見守りつつ、ついて行き、「Bさん、いかがですか？　あちらに将棋をするところがありますから行きますか？」と声かけをして、もとのカフェに戻りました。その後、奥さんとも話をして、病院と相談し薬の調整をしてもらうことで、妄想は治まりましたが、認知症が進んできたのかもしれないということなども妻と相談し、徐々に介護保険のデイサービスを使うようにされました。そのとき、将棋ができるデイサービスを重点的に妻が探されたのは、カフェでの様子を見ていての成果でした。

この他にも、カフェから帰った直後の女性から、「そちらに財布を忘れていませんか？　ありませんか？　きっと誰かに盗まれたんじゃないかと思う」というような物盗られ妄想のような発言が繰り返されることもありました。このときも、このようなことが認知症の症状として出てくることをスタッフで共有し、どうすればよいかを話し合いました。また、カフェに若い女子学生がいて、夫がその学生と話をしているのを見て、家に帰ってから、嫉妬妄想が強まり、次からカフェに来るのが難しくなった女性もおられました。そのような場合も、スタッフでよく話し合って、だいぶ時間がたってから来られたときには、夫が女性と話をすることがあまりないようにするなどの配慮をしました。

妄想の他にも、カフェの場でいくつかのＢＰＳＤに出会うことはあります。感情障害として抑うつ症状が見られる場合もありますし、不安症状として、自分のもの忘れが不安で仕方がなく、不安な思いを繰り返して話される場合もあります。激しく怒り出すなどの興奮、攻撃性についても、カフェに来るまでにある程度、安定してから来られる場合が多いですが、カフェでそのような症状が出ることも皆無とは言えませんので、そのようなこともあり得ることとして、そのような事例があったときには、なぜそのようなことになるのか、そのとき、どのように動けばいいのか、スタッフで共有しておきます。専門職のスタッフが直接対応したり、そのようなことが起こることを家族とも共有し、対応が可能な医療機関等と早めに相談することなどを話し合います。

認知症のＢＰＳＤの多くは、認知機能障害があることによって生じてくる不安や喪失感、自分の役割の感じられなさ、思い間違い、家族や周囲の人の無理解により本人を傷つけてしまう行為などによって引き金を引かれることが多いので、本人らしさが発揮されるのをそっと手伝い、家族の負担な気持ちをやわらげ、病気についての知識を深めてもらう認知症カフェは、ＢＰＳＤを防ぐことに役立つと考えています。

認知症かなと思ったときに受ける検査

認知症を疑ったらまず、病院に行って診断を受けることが大切です。認知症を引き起こす病気は多数あります。その中には治療を受けることで治るタイプの病気もあることは既に記載しました。

診察室での会話を再現してみましょう。

Aさん（80歳代の男性）が娘さんとともに、もの忘れがひどいので、認知症がはじまったのではないかと来院されました。歩行や簡単な会話では問題がありませんでしたが、Aさんは確かにもの忘れは強そうで、簡易的に認知機能を調べる改訂版長谷川式簡易知能評価スケールでも30点満点の16点でした。この検査は20点以下であると、認知症の疑いが強いことを示す検査です。

医師　（Aさんと娘さんに対して）Aさん、確かに娘さんも心配されているように、物忘れが年齢相当よりも強そうですよ。

Aさん　ボケがはじまっているということですか!?

医師　その可能性は否定できません。でも、原因として考えられることはいくつもあります。

たとえば、このあと血液検査も行いますが、これは、血中で足りなくなっているビタミンがないかなど調べるためです。もし、ビタミンの不足で認知症の症状が出ている場合は、ビタミンを薬で補うことで治ります。

娘さん　へー、そうなんですか。血液のビタミン不足で認知症になる場合もあるのですね！

医師　可能性が高いとは言えませんが、そのような場合もあります。それと、頭部ＭＲＩも予約しておきましょう。脳脊髄液というのが余分にたまって正常圧水頭症という病気を起こしていて認知症症状が出る場合や、小さな脳梗塞が記憶などに大事な場所に起こっていて、認知症の症状を示している場合もあります。

Ａさん　わかりました。血液検査と頭部ＭＲＩですね。

以上のように、認知症を疑って病院に行った場合、症状の経過や内服薬についての問診、身体的な症状の観察や診察がまず行われ、次に記憶力などを測ること（認知機能検査）が行われます。その他に、血液検査と頭部のＣＴもしくはＭＲＩを行うというのが基本になります。

この検査の中で注意しておく必要があるのが、頭部のＣＴもしくはＭＲＩです。ＣＴとＭＲＩを合わせて形態画像という言い方もできます。つまり、脳の萎縮の度合いや梗塞、出血、腫瘍がないかなどを見る検査です。ＣＴとＭＲＩの両方を行うことはなく、いずれか一方を行います。注意しておくべき点は、脳のＭＲＩを行えば認知症の検査として十分だと思う人がおられますが、ＭＲＩを実施しただけでは認知症の有無の区別はできないということです。脳の形態画像検査を行う最も基本的な意味は、脳梗塞や脳出血、脳腫瘍、正常圧水頭症などがないかどうかを確認することです。認知症の中で最も多いアルツハイマー型認知症では、ＭＲＩなどの形態画像だけで判断をすることはできません。アルツハイマー型認知症の場合、統計的には（つまり多数の人の平均をとれば）側頭葉の内側部あるいは海馬という部分が萎縮傾向にあることは確かですが、個々の人では、萎縮傾向があるように見えても、まったく認知症でない場合もありますし、逆に萎縮がないように見えても、認知症が強い人もいます。レビー小体型認知症の場合も、ＣＴやＭＲＩだけでは診断を行うことはできません。

ここまではほぼ必須の検査ですが以上の検査のほかに、脳血流シンチグラフィー（ＳＰＥＣＴ）という検査や、ＭＩＢＧ心筋シンチグラフィーなどの核医学的検査を行うことがあります。聞き慣れない検査かもしれませんが、ごく微量の放射性アイソトープという試薬を注射し、その後に撮影を行う検査です。脳の血流を見ることで神経の活動が低下している場所を見極めるのがＳＰＥＣＴで、いくつかの認知症の鑑別を行うのに用いられます。ＭＩＢＧ心筋シンチ、ＤＡＴスキャンも実施方法は同じような検査ですが、レビー小体型認知症を疑った場合によく行います。

更に腰椎穿刺という、背中から脳脊髄液を５㏄ほど抜いて、アルツハイマー型認知症に特徴的なアミロイドβ蛋白質やタウ蛋白質の検査を行う場合や、核医学的検査で、脳の中のアミロイドβ蛋白質やタウ蛋白質の検出を行う検査方法も開発されてきています。脳脊髄液の一部の検査は健康保険の診療報酬が算定される認可された検査ですが、アミロイドβ蛋白質やタウ蛋白質の核医学的検査は、今のところ治験や研究目的でのみ行われます。

認知症を起こす様々な原因

認知症にはそれぞれの病気があることを書きました。病気が異なれば、病気の原因やそのメカニズムも異なります。アルツハイマー型認知症とレビー小体型認知症という病気は、神経変性疾患という形で、脳の中の一群の神経細胞が機能低下、脱落していく疾患です。アルツハイマー型認知症では、まだ詳細がわかっていないところもありますが、アミロイドβ蛋白質という蛋白質が凝集しやすい形になり、神経細胞の近傍にたまって神経伝達を弱めたり、神経細胞死を引き起こすことと、それとも関係すると推測されていますが、タウ蛋白質という蛋白が、細胞内で凝集して、やはり神経細胞の変性、脱落を来します。もっと簡単に説明すると、誰の神経細胞にもある蛋白質が、老化が一番の引き金になってなんらかの変化を起こし、蛋白質のごみが溜まるような形で神経細胞死を招いてしまうということです。これらの変化を１９０６年にはじめて報告したのがドイツのアロイス・アルツハイマー博士で、その名前をとってアルツハイマー型認知症と呼ばれています。レビー小体型認知症では、シヌクレインという蛋白質が細胞内などに凝集します。アルツハイマー博士と同じくドイツ生まれのフレデリック・レビー博士がパーキンソン病の脳で病理的に報告したレビー小体という凝集体を形成することなどが原因になって神経細胞死を引き起こします。大脳にもこのレビー小体が見られ、認知症も引き起こすことは日本の小阪憲司先生が発見しました。アルツハイマー型認知症と原因物質は異なりますが、蛋白のごみが溜まるということは同じです。認知症を来す病気の中で4番目に多いとされる前頭側頭型認知症も神経変性疾患に属します。

認知症を来す病気の中で2番目に多い脳血管性認知症の場合は、脳の中をめぐる血管が詰まったり、破れることで、脳梗塞や脳出血が起こることが引き金になり、認知症症状が現れます。脳梗塞で一般的に最も有名な症状は、半身麻痺ですが、半身麻痺だけで認知症が起こらない場合もあります。脳梗塞や脳出血はそれが起こる脳の部位によって、麻痺症状や失語症状が出る場合もありますし、認知症症状になる場合や、麻痺症状も認知症症状もともに起こる場合もあります。治療やリハビリがうまくいくと、何の後遺症も残らない場合もありますが、なんらかの後遺症が残っている場合は、どの部位の脳血管障害で、どのような後遺症が残っているのか、見極めておく必要があります。脳梗塞や脳出血は、高血圧、糖尿病、脂質異常症や心房細動という不整脈が原因になる場合も多く、それらの病気を適切に管理しておくことが大事です。

時期によって変化する、認知症との向きあい方

●正常加齢から軽度認知障害（認知症予備軍）の時期

認知症の時期を知っておくことも大事なことです。大きく6つの時期を知っておきましょう。正常加齢の時期、軽度認知障害、そして認知症と診断される状態があり、認知症の状態の中に、軽度、中等度、重度、最重度の時期があります。分け方によっては少し異なる場合もありますが、おおよそこのように分けることができます。この時期はアルツハイマー型認知症の場合に最もあてはまるもので、アルツハイマー型認知症ではFASTステージと呼ばれる尺度が有名です。アルツハイマー以外の認知症にも重症度による変化はありますが、脳血管性の場合はもともとの障害部位や範囲によって症状も異なることと、進行する場合も新たな梗塞や出血が起こって進行し、そのときに起こる部位や範囲によって進行の度合いも異なりますのでひとつの尺度で決めることは困難です。認知症の全体的な重症度のイメージとして、アルツハイマー型をひとつの目安として考えるのが、適当とまではいえなくても、参考にはなると思います。

正常加齢の中には、良性健忘と呼ばれる状態がありますが、これは年齢相当のもの忘れに相当し、それ自体は認知症に進行することはありません。人の名前が覚えにくいとか、階段を上って2階に

行ったとき、自分がなぜ2階に上がってきたかという理由を思い出せないというような場合、多くは良性健忘です。もの忘れは気になるが、スマホでメールを打つことを覚えたり、新たなことを学ぶこともできます。そして、2年たっても3年たっても認知症には進行しません。もの忘れ外来受診者の1～2割がこのような状態で、正常範囲もしくは良性健忘と診断した場合は、2年程度先に、心配であれば再度受診することを勧められたりします。

少し専門的なことになりますが、最近では検査や病態解明の進歩で、正常加齢の時期にすでにアルツハイマー型認知症がはじまっていることがあるとされ、脳にアミロイドβ蛋白質が蓄積している度合いを検査して前臨床期（プレクリニカル）と呼ぶ場合があります。まだ確定的でない面があることなどから、治験や研究を除いては、このような診断が行われることはありません。

次に軽度認知障害はＭＣＩ（mild cognitive impairment）と英語では呼び、新聞報道などでは認知症予備軍と記載されたりもします。正常加齢の時期から突然認知症になるわけではないことからも、その中間的な段階があることは想像されます。認知症の啓発が進み、早期に受診される方も増えていますので、もの忘れ外来受診者は、先ほどの正常加齢という場合が1、2割ありますし、ＭＣＩも2割前後来院されているという統計が示されることが多いです。もの忘れの心配、すなわち良性健忘の場合、病院には1人で来られる場合が多いですが、ＭＣＩの時期になると、自分で、というよりは、家族に心配されて来院するということが増えますので、家族とともに来られることが半数ぐらいはあります。逆に言うと，MCIの時期であれば，1人で来られる場合も半分ぐらいいるということにもなります。

MCIには認知症をきたす病気の早期段階がすべて含まれていますが，頻度的には，認知症になる疾患で最も多いアルツハイマー型の割合が1番多いと推定されます。80歳以上などの高齢者では，アルツハイマー型認知症の原因蛋白であるアミロイドβ蛋白質はなく，タウ蛋白質の変化のみで病気が起こってくるタウオパチーという一群の病気があると指摘されていますが，臨床的にアルツハイマー型と区別することは難しく，日常診療の場ではアルツハイマー型認知症と診断されることが一般的です。今後，認知症を起こしている原因物質の変化を検査する方法が普及することで，このような区別がもっと明瞭に行われる可能性はあります。

MCIの診断には，以下のような診断基準がよく用いられます（Petersen R. C. et al. *Neurology* 2001：1133-1142）。

(1)記憶低下，もの忘れの訴えがある（本人または家族より）
(2)年齢に比しても明らかな記憶障害を認める
（注：詳しい認知機能検査で年齢層に比して低下がある）
(3)全般的な認知機能は正常

（注：簡易的な認知機能検査では正常範囲）

(4)日常生活はほぼ正常に過ごす

（注：ＩＡＤＬのわずかな低下を認めることもある）

(5)認知症の診断基準を満たさない

診断基準というと難しく聞こえますが、一般的な言葉に近づけると「買い物、調理、服薬などを含め、独居であっても日常生活はほぼ滞りなく行っており、簡便に行える認知機能検査では正常範囲を示す。しかし、本人もしくは家族などの周囲の人がもの忘れについての懸念を示しており、認知機能を詳しく確認すると、年齢相当よりも低下していることが明らかになる」という状態です。認知症カフェでよく出会う可能性のある状態なので、実際に出会った後にこの文言を反芻したり、カフェに立ち寄る医師に少し説明を補ってもらって理解しましょう。詳しい認知機能検査は、専門医療機関でしか行いにくいため、正確にＭＣＩと診断をつける場所は限られています。どのような病気でも兆候が出始めた初期の段階で診断をつけるのは精密な検査を必要とします。

ＭＣＩの診断や認知症カフェなどでの理解として気をつけないといけないことは、正確に行われたＭＣＩというのはアルツハイマー型認知症によるＭＣＩである場合が多く、認知症の初期と同じような悩みを抱え始めているということです。一方で、「ＭＣＩ（認知症の予備軍）であれば、予防的活動によって治る」という点が強調されることも少なくありませんが、MCIが治るとか、アルツハイマー型認知症に進行することを予防できると断定するのは望ましくありません。以下の認知症予防のところにも書きますが、大人数で調査した場合、少数の人の認知症への移行が抑制される可能性はありますが、この点についてもまだ検証は不十分です。「それでも少しでも防げるなら、少し誇張してでも予防的活動を行ったほうがよいのでは」という意見もあるでしょうが、「MCIの時期に診断を受けることができず認知症になってしまった」とか「MCIなら認知症になるのを予防できたかもしれないのに」というような間違った落胆を与える可能性があることに注意が必要です。自治体の取り組みなどで「MCIの時期の健康活動で認知症をなくす！」というようなスローガンを目にすると、誤解が広まることが心配になります。正確な診断をもとに考えると、MCIよりも早いプレクリニカルという段階で病気ははじまっており、今後、より早期の段階での診断、治療の試みが重ねられる予定ですが、今の段階では、高血圧や糖尿病など、認知症発症のリスクを高める要因がある場合は適切に管理して心と身体の健康を保ち、心身ともによい状態で、認知症への備えをするというのが適当ではないかと思います。

●MCIから認知症の軽度・中等度の時期

認知症が突然発症するわけではないことを先ほど書きました。連続して徐々に変化している状態をどこかで線引きしようとするので、軽度認知障害と軽度の段階の境は少しぼんやりとしています。認知機能検査の点数も目安になりますが、認知機能検査の点数は年齢や何年学校に行っていたかという教育歴にも左右されます。２０１３年に新たに提示されたアメリカの精神医学のマニュアルであるＤＳＭ-５ではＭＣＩのことを「毎日の活動において、認知欠損が自立を阻害しない」と記載しており、具体的に「すなわち、請求書を支払う、内服薬を管理するなどの複雑な手段的日常生活活動は保たれるが、以前より大きな努力、代償的方略、または工夫が必要であるかもしれない」と記載されています。一方、認知症については、「以前の行為水準から有意な認知の低下がある」「毎日の活動において、認知欠損が自立を阻害する」と定義されており、具体的に、「すなわち、最低限、請求書を支払う、内服薬を管理するなどの、複雑な手段的日常生活動作に援助を必要とする」と記載されています。わかりにくいかもしれませんが、これでもとてもわかりやすく表現されていると思います。一度だけ読んで、わかったと思ってもらう必要はありませんが、認知症カフェに何度も来店されて、話を聞いたり様子を見たりしているうちにおおよそ把握できると思います。一緒に住んでいたり、身近に住んでいる家族の場合は、この違いを少し聞けば、どちらだなということはピンとくるかもしれませんし、カフェが日常生活の延長の場であることを考えると、カフェスタッフにはぜひ把握していただきたいところです。

軽度・中等度の時期は「もの忘れだけじゃない？　認知症の様々な症状」のところに記載してい

る多様な認知機能障害や生活機能障害などが数年の経過のなかで徐々に出てきます。軽度から中等度の見極めについては第2章に詳しく記載しています（96～100ページ）。

●重度・最重度の時期

認知症が進行して来ると、ADLの多くの点に見守りや介助が必要になってきます。また、言葉でのコミュニケーションを行う力も低下していきます。周囲の状況が把握できない程度も増えてきます。そのような時期でも、周囲の人が病気の具合やその人の生活史やもともとの人柄をよく理解し、その様子に適した接し方を行うことで、認知症を持ちつつもその人らしい姿を見ることができます。介護環境などによっては、その人らしさが隠されてしまっている場合もあります。また、身体的な機能も低下し、嚥下や移動も難しくなってきますので、食事の形態や移動の支援について、介護的な配慮が必要です。認知症カフェに来て会話を楽しむのは難しいことや、カフェでは排泄の介助などが難しい場合も多いので、この時期には、介護保険のサービスを使うことを主体にすることが多いでしょう。また、家族も、ここに至るまでの時間経過の中で病気のことを受けとめていることが多く、実際には、カフェまで来る移動の介助をするよりも、介護サービスの送迎があるところを使うことが増え、カフェに来られることは減るでしょう。これまでにそのような相談をする機会がなかった場合など、カフェに来て家族が話をされる場合もあると思います。そのときは、認知症のごく初期の頃からの長年の経過を経てきておられる苦労や経験に寄り添いつつ、話を聞きましょう。認知症の人の介護をした経験を生かして、ご自身がカフェのスタッフになられる場合もあります。

認知症の病気の種類、認知機能障害をはじめとする症状の様子、認知症の時期について詳しく記載しましたが、認知症カフェでのケアにとって大事なポイントですので、知識をつけ、経験し、他のスタッフや専門職との議論も通じて、接し方を身につけていきましょう。すべてのスタッフが、完全に上手に理解して行動できる必要はありませんが、少なくともその人に合った接し方ができるスタッフが寄り添うようにするとよいでしょう。全体を見ているコーディネーターが、スタッフと来店者のあいだを上手に調整することができれば、カフェの空間がより魅力的なものになると思います。

発症年齢によって、想いや暮らしも異なる

●若年性認知症と若年性アルツハイマー型認知症

若年性認知症は65歳未満で認知症を発症した場合を示します。65歳未満で発症し、5年以上経過

して70歳になった場合も、若年性認知症になります。50歳以降の発症が多いですが、30、40歳代での発症もあります。病気の種類としては65歳以上の発症に比べ、脳血管性や前頭側頭型、頭部外傷後遺症の割合が増えますが、アルツハイマー型認知症も多数を占めます。

アルツハイマー型認知症の場合、厳密に病気の様子を検討すると、65歳未満と以上という年齢での区分はできないものの、若年性に近い年代の認知症の人に、視空間認知障害がある割に近時記憶は保たれる人が少なくなく、逆に高齢期発症の場合、障害が近時記憶低下中心という場合が多い傾向にはあります。認知症カフェに来店される人に接する場合も、年齢によって記憶の保たれかたに多少違いがあるかもしれないと感じることはあるかもしれません。ただ、全体の傾向としてということですから、そうでない場合もあります。

病気の本質的な違いの他、若年性認知症の人のほうが、働き盛りであったり、家庭での立場も、経済面や子育てなどでも役割を担っている場合が多かったりするので、その点でも特別な配慮が必要です。介護保険のサービスでは、認知症の場合は65歳未満でも特定疾病にあたるので利用は可能ですが、サービスを利用されているのがもっと高齢の人が多いため、引け目を感じたりすることが少なくありません。介護事業所のほうでも若年性認知症の人に慣れておらず、スムーズにいかない場合もあります。また、高齢化が進む社会の中で、若年性の認知症を発症することは、人生の仕上げの時期に楽しみにしていたこと、これからまだやりたいと思っていたことなどが途切れそうになること、そして、家族にとっても同じような思いがあることなどが心の深い痛みになります。オレンジプラン、新オレンジプランなどでも若年性認知症への取り組みの重要性を挙げており、各自治体などでも経済的支援の紹介や相談場所、コールセンターの設置などを行っています。認知症カフェが若年性認知症の人の活動の拠点になっている場合もありますし、情報交換の場にもなればと思います。そのため、若年性認知症についてよく知り、関係する情報を集めておくことは大切です。

●高齢期の認知症

若年性認知症のことを書きましたので、その反対ともいえる高齢期の認知症の課題について書いておきます。認知症を発症するのは75歳以上が多く、人口の割合から80代がピークになります。最近では、日本での高齢者の独居も20%程度、高齢者だけで暮らしている高齢者単独世帯（老老世帯）も30%程度あります。一人暮らしのときに、他人の手助けが必要な認知症という病気とどのように向き合っていくか、大きな課題です。また、老老世帯の場合も認知症という課題が生じたとき、様々な困難さが生じます。認知症は有病率の高い病気ですから、老夫婦ともに認知症という認認世帯と呼ばれる状況になる場合もあります。さらに、老老世帯の場合、夫婦の一方が認知症でない場合も、配偶者自身も高齢による複数の病気を抱えている場合もあり、介護保険サービスや病院受診など社会資源へアクセスする力が弱いことがあります。認知症の妻が、心不全で呼吸困難のある夫の車いすを押して来院しているような場合もあるのです。体力的なことだけでなく、認知症に関する情報入手が限られていて、配偶者の認知症の状態について、年齢相当と思っていたり、長年連れ添った夫婦だからこそ、認知症と認めたくないというような心理が働いたりもします。

一人暮らしや老老世帯の場合も、子供たちが比較的近くに住んでいる場合（近居）、遠距離介護とは異なり、日常的な支援を子供世代が行うこともあります。この近居かどうかということも認知症ケアを考えていく上で大事なポイントですが、どの程度の距離であれば近居と呼ぶかなど定義がしにくいので、統計的にも現れにくく、研究的な分析も十分にはありません。経験的に考慮していくことが必要です。いずれにしろ高齢期ゆえの困難さを抱えることについて認識しておきましょう。

認知症の薬って、どんなものがあるの？

認知症の薬と書くと、認知症治療薬のことがまず頭に思い浮かびますが、認知症と治療について、4つのポイントがあります。①抗認知症薬、②認知症に伴うＢＰＳＤの治療、③非薬物療法、④認知症以外で服用している薬のことです。①の抗認知症薬は、長期的な視点での服用になりますが、②のＢＰＳＤの治療は、1、2週間、1、2か月という短い期間で調整していくことになるという点を区別して認識しておくことが大切です。以下、順番に記載していきます。

●抗認知症薬

抗認知症薬については、主な認知症の中では、アルツハイマー型認知症およびレビー小体型認知症に認可された薬剤があります。アルツハイマー型認知症については、アセチルコリンという神経伝達物質に作用するタイプの薬剤（コリンエステラーゼ阻害剤）とグルタミン酸という神経伝達物質の働きに影響するタイプの薬（グルタミン酸受容体拮抗薬）があり、前者には3種類、後者には1種類の薬があります。一般名で記載しますと、前者は、ドネペジル（商品名：アリセプトなど）、ガランタミン（商品名：レミニール）、リバスチグミン（商品名：リバスタッチパッチ、イクセロンパッチ）、後者はメマンチン（商品名：メマリー）となります。リバスチグミンは貼付剤で、胸や背中などに貼り、1日1回貼り換えます。他の薬は飲み薬で1日1回もしくは2回服用します。レビー小体型認知症には、上記のアリセプトの有効性が示されており、病院での処方が行われます。

いずれの薬も認知機能の低下を遅らせるという効能を持っています。認知症の根本原因を止める薬ではないので、多数の人を対象として統計的にみた場合、服用していても徐々に進行するというデータが出されていますが、服用しなかった場合に比べてその変化がゆるやかであると示されています。また、個々の人によって作用、副作用とも異なり、薬によく反応した場合は症状が一時期、改善する場合もあります。認知症という病気の特性上、その効果は認知機能低下をわずかに遅らせる程度ですので、目に見える改善効果があるのか、わかりにくい場合が多いですが、1、2年という期間での変化がゆるやかであることは、本人の心理にとっても、家族の受け入れにとっても大事な効果と思われます。

抗認知症薬の副作用としては、中枢神経以外の自律神経に作用する場合があり、アセチルコリン系の薬では、むかつき、下痢、不整脈の惹起などの症状が起こる場合があります。貼付剤の場合、皮疹やかゆみがでることもあります。グルタミン酸系の薬の場合は、めまい、ふらつき、眠気などの作用が出る場合があります。また、いずれの薬も、興奮作用などを示すことがあり、ときには3年など長期に服用してからそのような作用が出る場合がありますので、なにか思わしくない症状がある場合は医師と相談し、一時的に薬を中止するなどの検討も大事です。薬を飲み残したときや具合が悪くて服用しない場合は遠慮なく医師に申し出て調整してもらいましょう。

今後の治療薬の見通しとしては、認知症の原因物質の変化を止める薬の開発が進んでいますが、治験が積み重ねられているものの、まだ発売の見通しは立っていません。認知症は老化そのものではなく、病気ではあるのですが、老化という生命の基本的な現象に沿って病気が出てくることから、病気の部分だけをうまく治すのが難しいのかもしれません。

正規の薬剤の他に、認知症に効くというサプリメントが宣伝されている場合があります。しかし、どの分野のサプリメントもそうですが、十分な薬効評価が行われているものはありません。サプリメントとして発売されたものでも、有望な可能性があるものは、かならず治験というプロセスが行われます。認知症についても、そのようなサプリメントがありましたが、残念ながら有効性が示されたものはありません。サプリメントには医療保険がききませんので、その金額を払って、個人的に満足が得られるという場合だけ、個人の判断で購入するようにしましょう。また、それを試すときにも、医師と相談して、経過をみてもらうことも大切です。

●認知症に伴う行動・心理症状（BPSD）の治療

認知症に伴って生じてくる行動・心理症状（BPSD）は認知症の人やその家族の生活の質を落とし、混乱を招きます。そのような症状がひどくなった場合は、抗精神病薬での治療ということを考えるかもしれませんが、できれば抗精神病薬は使わないというのが基本です。一方で、物盗られ妄想や被害妄想、興奮などが非常に強いにもかかわらず、その状態に対してなすすべがないと思いずっと我慢している場合があります。ときには何年も我慢していて、ついに最悪の事態を招くときもあります。BPSDについては、幾つかの基本的な手立てがあります。第1に、まだ起こっていない段階から、そのような症状がでることがあるかもしれないと知識を得ておくこと。第2に、便秘や痛み、その他、様々な身体的な要因でBPSDが出てきている場合があることを知っておき、そのようなことが関係していないか、見極めること。急にBPSDが出てきた場合、発熱が原因になっているようなときもあります。第3に、他に服用している薬の影響がないか、考えること。風邪薬や抗アレルギー薬、頻尿に対する薬、胃薬の一部（ヒスタミンH2ブロッカーなど）、痛み止めなどがBPSDに関係しているときがあります。抗不安薬や睡眠薬、ときには、抗認知症薬がBPSDと関係しているときもあります。第4に、BPSDがひどいときには認知症の本人は自分ではなんともできません。家族など周囲の人が、認知症やBPSDに対してどのように接すればいいのか、知識を持っていることが大切です。もちろん、はじめてそのような症状に向き合う場合に、上手にできるものではないことも少なくありません。かかりつけ医や専門医・ケアマネジャー・看護師などでBPSDへの対応についてよく知っている人を見つけて相談しましょう。認知症の人と家族の会のフリーコールなどが利用できる場合もあります。自治体や地域包括支援センターの窓口などに相談場所や相談電話を記したパンフレットを置いていたりしますので、ぜひ利用しましょう。最後に、介護保険サービスを使うことも検討しましょう。家族が疲弊していると、認知症の人と上手に接することは難しいものです。少しでも離れる時間を作ること、家族だけで考えずに、介護保険サービスを使うことを通じて、相談者を見つけたり、介護専門職と一緒に、どのような接し方が可能か、考えてみる機会にもなります。

以上のようなことを検討しつつ、並行して抗精神病薬の利用について、その使用に慣れた医師と相談しましょう。効果がある場合は1、2日～1か月程度で症状が治まることも少なくありません。このときも薬を単独で使用するのではなく、上述したことも行いつつ薬を使うと、より短期間、少量で効果を得ることができる可能性が増します。抗精神病薬の副作用、あるいは効きすぎた場合として、過鎮静という傾眠、意欲低下状態、パーキンソン症状などの動作の緩慢さ、便秘などの症状が出てきますので、そのような傾向が出る場合は、早めに医師と相談して減量、中止、変更などを検討してもらいましょう。

●非薬物療法

BPSDの治療のところで示した薬物以外の基本的対応も、広い意味ではBPSDへの非薬物療法になり、重要な位置を占めます。認知症カフェも、BPSDを防ぐ効果という点では、まだデータとして十分には示されていませんが、非薬物療法のひとつともいえる面もあります。その他の非薬物療法としては、音楽療法、運動療法、園芸療法、回想療法、ペット療法などが、ふさぎ込みがち、無為やいら立ちなどの症状を改善したり、長期的に認知機能を維持するのではないかと期待されています。これらの療法は治験のような形での効果判定を行うのが容易でない面もあり、効果についてはっきりとした医学的証拠は十分ではありませんが、各地で試されています。実施する側も受ける側も費用と効果を考えながら、検討すればよいであろうと思います。

●認知症以外で服用している薬について

認知症に罹患しやすい高齢期になると複数の病気を既に持っている場合も少なくありません。高血圧、糖尿病、心房細動、骨粗しょう症などです。最近は週1回服用であるとか、中には1か月に1回というような薬剤もありますが、多くの薬は毎日きちんと服用する必要があります。

認知症の生活機能障害のところでも記載したように、服薬管理というのは、認知症を発症すると1番に難しくなる生活機能のひとつです。薬を飲み忘れて、薬が余ったりしてくることも少なくありませんし、飲みすぎることで、薬が足りなくなったりもします。高血圧や糖尿病の薬を飲み忘れることで、血圧が高くなりすぎたり、血糖コントロールが悪くなったりします。そうなると長期的には、脳梗塞や心不全を起こしやすくなります。血圧や糖尿病などがかなり悪くなると、脳出血や意識障害を来す場合もあります。降圧剤などを飲み忘れて血圧が高くなると、病院では現在処方している薬の効果が不十分と考えて、薬が追加になる場合もあります。逆に、治療効果が不十分になったことで、認知症での服薬管理がうまくいっていないのではと、認知症に気がつかれる場合もあります。

一般に薬の飲み間違いというのは危険なことで、もの忘れ外来などでも幾つか助言を行います。ひとつめとして、服薬管理が難しくなってきた時点で、家族など周囲の人が気がつき、薬の管理を手伝うようにすることが望まれますが、もともと持病があって、認知症発症前から薬を飲んでいたような場合、家族も気がつくのが遅れたり、認知症のために服薬管理が難しくなるということに気が回らずに、そのままにしていることが少なくありません。このような場合も、できるかできないかははっきり線引きできるものではなく、できる範囲は本人にまかせ、できない部分だけを家族や訪問看護師などが補うということが大切です。認知症の具合によって、その様子は少しずつ変化しますので、最初は、お薬カレンダーなどにセットするとか、1週間分ずつの薬をセットするピルボックスを使うなどの方法を取り、そのような工夫をしても難しい場合に、家族が完全に管理を担うという形を取る場合が多いと思います。中には、離れて住む息子さんが、毎日電話をして、電話をしている間に認知症の本人に服薬してもらっているケースもあります。電話で「薬、飲むのを忘れないでね」と言うだけでは、電話を切った直後に薬のことを忘れる場合もあるので、通話中に服薬してもらうというのが大事な点でした。

助言が必要な2つめの点は、本人の服薬管理が不十分になっているにもかかわらず、他人に服薬管理をまかせようとしない場合です。このトラブルも時々起こります。このようなときは、1か0かでできることをすべて奪わないことに気をつけること、少し時間をかけて、自分自身が失われていくように感じる不安な気持ちに寄り添っていきつつ、できない部分の管理を移行していくように伝えることが大事です。3つめに、これを最初にすることも大事ですが、現在、服用している薬の服用のタイミングを減らすことができないかなどを医師や薬剤師などと相談することです。最近は、

1日1回など服用回数が少ない薬も出ていますので、そのような薬への変更を考えることや、家族が見守ることができるのが夕食後だけであれば、薬も夕食後にそろえるというような工夫ができないかなど相談することが考えられます。薬によっては認知機能を低下させたり認知症症状を引き起こす場合もありますので、その意味でも、認知症以外の薬剤についてよく知っておくことが必要です。

薬のことはカフェで安易に助言できることではありませんが、このような課題があることをスタッフとしてよく認識していると、医師・薬剤師・看護師などと連携するときに役立つでしょう。

思わぬ「認知症予防」の落とし穴

日本が世界の中でも特に短期間に高齢化の道を歩んできたことはよく知られています。高齢化率7％（高齢化社会の基準）から14％（高齢社会の基準）へは1970年から1994年のたった24年で到達しました。フランスでは126年、スウェーデンでは85年かかった変化です。日本では更に2001年には超高齢社会の基準である21％に達しています。高度成長期と呼ばれる1970年頃まで保健、栄養などが不十分であったためもともとの高齢化率が低かったとも言えますが、今や日本は世界のトップクラスの高齢化率ですから、高齢化を阻む様々な課題を克服してきたということができます。その中で、減塩や栄養改善により血圧を適正化し脳卒中予防を行った保健活動は特筆すべきものです。その他にも、結核やインフルエンザなどの感染症予防も熱心に取り組まれています。このように病気を予防するということはよいことだという成功体験は国民のあいだで広く共有されていますが、予防することが難しい病気もあります。その代表選手が認知症です。ここで議論を次の2つに分けておく必要があります。

認知症に対して予防的対応がある程度効果があるかもしれないという研究データが出されているのも事実です。また、同じ年齢で比べると、以前よりも認知症の人の割合が減少しており、生活習慣とも密接に関連している糖尿病、高血圧、脂質異常症などを生活や服薬で管理することによって認知症が結果的に予防できている面があるという議論も行われています。それでは、認知症は予防できるのでしょうか？　これが議論を2つに分ける必要があると書いた理由です。

研究データが示しているように多数の人々を調査対象として調べた場合、認知症になる割合を5％でも削減すると、大きな予防効果としてデータは示されます。また、計算は単純ではありませんが、認知症になる割合を5％でも低下させることができると、もし認知症の医療・介護費用が年間10兆円とした場合、国としては5000億円も医療・介護費用を削減できます。国や自治体としては認知症予防を唱える大きな根拠となります。

一方で85歳まで生きた場合、認知症になる人の割合は50％程度、2人に1人が認知症になることになります。２０２５年には認知症の人の数は７００万人に達すると予測されており、高齢者人口の5人に1人という割合です。いずれにしろ認知症になる人の割合は多く、5%程度予防できたとしても個々の人にとって、そして、自分の身近な人々が認知症になる可能性については、大きくは変わらないということです。

この2つの議論を簡単にまとめると、自治体や国民全体としては認知症予防に取り組み、認知症になる可能性を少しでも減らすことは意味のあることです。しかし、個々の人にとっては、いずれ認知症になる可能性はそう大きくは変わらないということです。

個々の人にとっては大きく変わらなくても、少しは効果があって、全体としてのメリットがあるのであれば、認知症予防もよいのではないかと思われるかもしれませんが、ここでひとつ大事な視点が抜けています。認知症予防の推進には大きな副作用があるのです。これは認知症になるのを5%予防するというよりも、もっと大きな副作用ではないかと思います。それは、「認知症を予防する」という目的で人が集まってくる場合、「認知症にだけはなりたくない」「認知症になったらおしまい」という意識が強く、そのことにより認知症に対する偏見を助長するということです。認知症になった人は、「予防に失敗した人」として、地域社会から排除されていくことにも通じます。認知このような偏見がなければ、認知症とともによりよく生きていけるかもしれないところが、偏見の助長のため、認知症になった人やその家族が隅に追いやられてしまいます。本来であれば、認知症とともに豊かに生きることができたかもしれないところを、本人も家族も生活に制限を受けたり、心理的に大きな負担を抱えて過ごしていくことになります。認知症になる人は決して少数派ではなく相当数に昇るため、社会としても大きな損失となります。

では、どうするのがよいのでしょうか？　現在、予防と称して行われている活動も意義はあり、間違いではありません。できれば、予防という言葉以外を用いて、そのような活動を行うこと、そして、一方で、誰もが認知症になったり、家族としてともに過ごす可能性はありますから、認知症になっても豊かに生きることができるように、認知症やその家族にとって過ごしやすい社会になるように学びを深めることがよいだろうと考えます。認知症カフェという場所は、その両方の思いが交錯する場所ですから、カフェの運営をする人や、スタッフとして働く人、そして、その場を楽しもうとする人は、それぞれの立場に必要な範囲で、このことを知っておくことが大切です。

地域で力をあわせて！　認知症ケアパスの仕組みを知ろう

●ケアパスから見た認知症カフェ

認知症という病気の概要、症状、診断、治療、予防の考えかたを見てきましたが、最後に認知症ケアパスについて説明しておきます。ケアパスという聞き慣れない言葉かもしれません。ここでのパスは英語で書くとpath、すなわち通り道、小道という意味で、日本でよく使うpass、つまりボールをパスするとか、駅の改札を通るときの定期券などの意味とは異なります。実際には地域連携などでケアをつないでいくという場面にも出てくるので、後者の意味に似ているところもありますが、もともとは前者の意味です。似た概念を表す言葉としてクリニカルパスという言葉が病院で使われています。認知症ケアパスを説明する前に、クリニカルパスについて簡単に書いておきます。

最近、病院で「入院後のクリニカルパスに沿って検査、治療を進めます」などということが言われます。たとえば脳梗塞で入院したときに、入院初日から1週間まではこの点滴を行うとか、リハビリは2日めからベッドサイドで行い、3日めからは、リハビリ室で歩行練習をするなど、医師・看護師・薬剤師・リハビリスタッフなどがいつの時点で、どのようにかかわるのかが示されるわけです。患者さんにとっても、カレンダーのように、検査、治療、リハビリなどの日程が示されることで、治療やリハビリに積極的に向き合おうという気持ちが出てきます。クリニカルパスのもとをたどると、クリティカルパスという工業的な用語になります。無駄を省き、最良の製品を作っていくための手順を決めていく手法です。作業工程と病気の治療を同じように考えるのもどうかと思うかもしれませんが、病院で働く多くのスタッフが、最も能率のよいかかわりをして、患者さんにとって最良の治療を行うという意味では、このパスという考えかたが大事なことがわかります。クリニカルパスを病院の外にも拡大した地域連携パスというものもあります。これは脳卒中や大腿骨頸部骨折などのときに用いられます。最初は救急病院など急性期を担う病院に入り、そこでの検査、治療や初期のリハビリののち、回復期リハビリテーション病院などに移ってリハビリを継続し、家に戻るというような、通常のクリニカルパスよりは少し長期で、複数の医療機関などがかかわったパスになります。

前置きが少し長くなりましたが、「パス」ということの原点を説明しました。ここで認知症ケアパスという言葉に戻りますが、「パス」という言葉は同じでも、クリニカルパスや地域連携パスと異なる点もあります。1点めは、期間がかなり長期間になることです。認知症の気づきの頃から、重度の状態になるまでには、10~20年ととても長い期間が経過します。上手に過ごせば、普通に年をとっていくのとほとんど変わりがないと思えるほどです。2点めは、関係する人々や地域の資源が、数多く、様々なジャンルに渡ることです。地域連携パスの場合、診療所、急性期病院、回復期リハビリテーション病院、介護老人保健施設、在宅という具合に、主として医療機関の役割分担の中、3か月程度の間に、パスを歩んでいくわけですが、認知症ケアパスでは、数多くの医療資源、介護・福祉の資源、地域の資源とつながっていきます。2012年6月に厚生労働省から「今後の認知症施策の方向性について」という文書が出されたとき、7つの柱の最初に、認知症ケアの望ましい流れをつくるとして、認知症ケアパスの策定が示されました。それが根拠となって、各自治体で、それぞれの地域にあった認知症ケアパスが作成されました。地域資源のリストアップだけに終わっている場合もありますが、本来は、認知症によって生活の困難さや精神的な負担が強まる前に認知症とともに上手に歩む手立てを得て、住み慣れた地域で過ごすためのガイドブックとなるものです。

それでは、実際に認知症ケアパス概念図というものを見てみましょう。246ページの図の下の方に、認知症の気づきの頃から終末期に至るまでの認知症の度合いが時期を計る物差しとして記載してあります。たとえば、軽度と文字が書かれているところで、縦に線を引いてみましょう。上から順番に、家族会や社会福祉協議会、老人福祉センター、認知症サポーター、民生委員、認知症カフェ、認知症初期集中支援チーム、地域包括支援センター等、そして、中央の地域住民、本人の在宅生活、家族を挟んで、訪問看護、薬局等、かかりつけ医、専門医療機関、一般病院、認知症疾患医療センターなどが線上に乗ってくるはずです。これは認知症が軽度の頃に実際にかかわっている場所や人であったり、相談したり、出会っておくことが望まれる場所を示しています。この図は状況を簡潔に示していますので、実際には、軽度の時期に既にデイサービスを使っている場合もあるでしょうし、認知症カフェでも、図に示してあるよりも、もっと右のほう、すなわち、中等度の頃にも参加している人もいるでしょう。おおよその目安として見て下さい。

図の全体を見ていただいて、認知症カフェに焦点をあてて見たとき、認知症カフェがどのような役割を担っているかが、ぼんやりと見えてくると思います。認知症の当事者団体として広範な活動

認知症ケアパス概念図

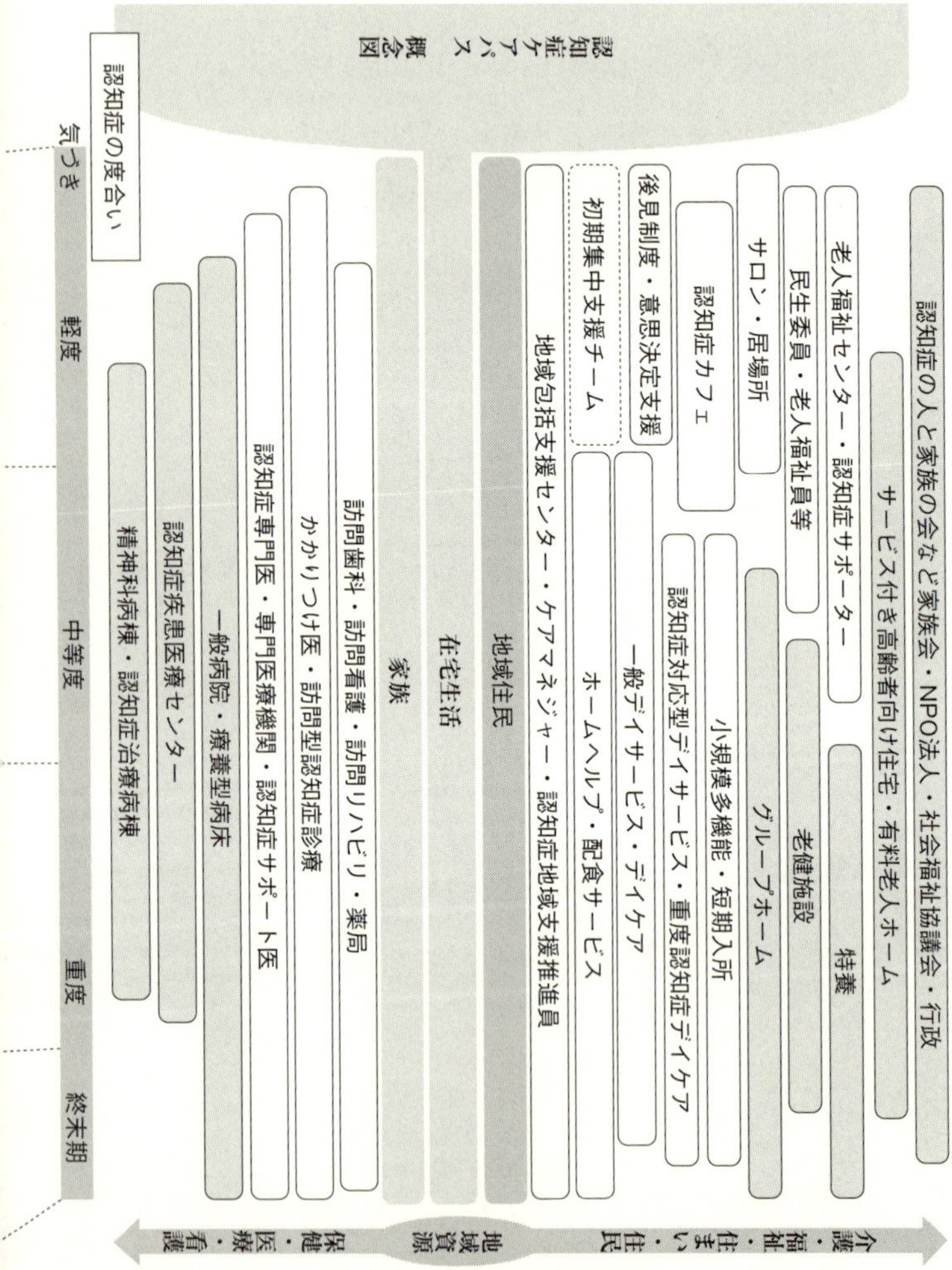
認知症ケアパス概念図
認知症の度合い
気づき
軽度
中等度
重度
終末期
認知症の人と家族の会など家族会・NPO法人・社会福祉協議会・行政
サービス付き高齢者向け住宅・有料老人ホーム
老人福祉センター・認知症サポーター
特養
民生委員・老人福祉員等
老健施設
サロン・居場所
グループホーム
認知症カフェ
小規模多機能・短期入所
後見制度・意思決定支援
認知症対応型デイサービス・重度認知症デイケア
初期集中支援チーム
一般デイサービス・デイケア
ホームヘルプ・配食サービス
地域包括支援センター・ケアマネジャー・認知症地域支援推進員
地域住民
在宅生活
家族
訪問歯科・訪問看護・訪問リハビリ・薬局
かかりつけ医・訪問型認知症診療
認知症専門医・専門医療機関・認知症サポート医
一般病院・療養型病床
認知症疾患医療センター
精神科病棟・認知症治療病棟
介護・福祉・住まい・住民
地域資源
保健・医療・看護

	気づき～軽度	中等度	重度	終末の頃
本人・家族の声	1日に何度も同じことを聞くんです。自分でも自信が持てなくなっているみたいです。	昔のことはよく覚えているんですけれどね。	私が作ったものを美味しいと言って食べているあいだは家で様子を見ていきます。	人生の最初と最後、ひとのお世話になるものだと思います。
本人の様子	□いつも探し物をしている □大事な約束を忘れている □今までしていたことを億劫がる □お金や小物などを盗まれたと人を疑う	□買い物に1人で行くのが難しい □服装を選ぶのを手伝ってもらう必要がある □自分ができないことを自分で見極めることが難しい	□服を着替えるのに手助けが必要 □家のトイレがわからなかったり、排泄に手助けが必要 □家族のことがわかりにくい	□話すことが、短い文章が簡単な単語だけになる □階段の上り下りに介助が必要となり、歩くことも手助けが必要になる □飲みこみが難しい
自分でできる度合い	適切な助言や支援があれば、自分で決めることができることや携わることができることもたくさんあります。			自分で物事を決めたり思いを伝えることが難しくなり、気持ちを推し量ってもらうことが大切です。

を行っている「認知症の人と家族の会」の人々が以前、アンケート調査の中で、どの時期が最も辛かったかという問いかけをされたとき、軽度の時期が最も辛かったという意見が多かったそうです。また、2014年に発足した日本認知症ワーキンググループの共同代表で認知症当事者である藤田和子さんも、「初期の空白期間」を埋めてほしいという形で、認知症の初期の頃、本人にとっても家族にとっても気軽に相談したり、自分のできることを発揮するきっかけとなる場所がないことを発言されています。「早期診断・早期絶望」という医療関係者にとっては肝に銘じるべき言葉もあります。つまり、早期に診断し、薬を処方するだけであれば、早期絶望にしかならないということです。本人にとっても家族にとっても尋ねたいこと、相談したいこと、仲間同士で支え合いたいことなどがたくさん出てきますので、孤立せず、正しい情報も得ながら、語り合う場所が必要です。認知症カフェは長い旅路の準備をする場所でもあるのです。

図の中の軽度の段階で、認知症カフェの近くにある地域資源について、認知症カフェとの関係を説明しておきます。認知症初期集中支援チームというのも、認知症カフェと同時期に国の施策に書き込まれた組織ですが、こちらは認知症サポート医・社会福祉士・保健師など、医療・介護・福祉の専門職がチームを構成し、本人・家族や民生児童委員・ケアマネジャーなどの要請を受けて、訪問評価や助言を行う仕組みです。認知症ではないかと思っても、みずから医療機関や相談機関に出向くことができない人もいます。そのようなとき、社会福祉士と保健師などのチーム員が家庭訪問を行い、認知症の状態をアセスメントし、他のチーム員とも協議して、診断や介護に結びつけていきます。対象となる人は、認知症があっても在宅で介護のサービスを受けずに生活している場合も多く、認知症の診断を受けても、すぐに介護サービスにつながらない場合は少なくありません。そのようなとき、認知症カフェのような気軽に通う場があると、認知症という病気を穏やかに受け入れていく過程となります。逆に、認知症カフェに足を運んでいる人の中には、家庭での状況が心配になる人もあります。そのようなとき、初期集中支援チームが介入したり、図では初期集中支援チームの近くに描かれている地域包括支援センターが訪問を行って、生活相談に乗ることができます。つまり、認知症カフェと認知症初期集中支援チームは、「くつろぎの場」と「訪問（専門的にはアウトリーチとも言います）」とが、役割分担をしつつ、相互補完的な位置にあるということができます。第3章で実践報告していただいた宇治のカフェのところでこのことを示されています。

もうひとつ、図では認知症カフェの上にあるサロン、居場所との関係も述べておきます。高齢者サロンは地域のボランティアなどによって、認知症カフェよりもずっと以前から各地にできている高齢者交流の場です。中には高齢者に限らず、障害者、子供、子育て中の親なども集まって交流しているところもあります。自治会や民生児童委員などがかかわっている場合も少なくありません。一緒にお茶を飲んだり、食事をしたり、ゲームや体操をする場合も多く、お互いに見守りながら、健康を保つための場所でもあります。地域によって、サロン、街の縁側、居場所などと呼び名は異なります。では、認知症カフェとどう違うのでしょうか？　これは認知症予防のところとも関係しますが、認知症という病気に対して、地域の人々に偏見があったり、知識が不足していることが多く、多くの認知症の人にとって、高齢者サロンは必ずしも安心して足を運ぶことができる場所ではありません。「認知症にはなりたくないね！」などという言葉が飛び交う場は本人にとっても家族にとってもつらいものです。中には、自分の認知症に気がつかずに参加している場合もありますが、認知症が徐々に深まる中で、場から排除されていくことになります。サロンの中には、それではいけないと、皆で認識を高め、認知症の人や家族にとってやさしいサロンを目指しているところも増えてきていますので、将来的には高齢者サロンと認知症カフェはひとつに重なっていく可能性もありますが、現在のところは、似ているけれどまったく別のコンセプトを持った場所と理解しておく必要があります。具体的には、認知症カフェには、認知症関係の専門職もしくは認知症についての経験、知識の深い人が参加、提携していること、そこに参加している市民も、繰り返し認知症のことについて勉強していることなどが異なります。認知症カフェは地域の人々のボランティア精神だけで運営されるわけではないことから、自治体や関係機関あるいは運営主体は、人件費など資金的にも異なる地域資源として組み立てて行く必要があります。

●地域包括ケアと認知症ケアパス

昨今、地域包括ケアということがよく言われます。地域包括ケアシステムとは、厚生労働省のホームページでは「団塊の世代が75歳以上となる2025年を目途に、重度な要介護状態となっても住み慣れた地域で自分らしい暮らしを人生の最後まで続けることができるよう、住まい・医療・介護・予防・生活支援が一体的に提供される地域包括ケアシステムの構築を実現していきます」というように示されています（「地域包括ケアシステム」http://www.mhlw.go.jp/stf/seisakunitsuite/bunya/hukushi-kaigo/kaigo-koureisha/chiiki-houkatsu/）。具体的には住み慣れた家に住みつつ、おおむね30分圏内（中学校区程度の圏内）に医療・介護・地域の資源があり、必要なサービスを必要なときに受けられる体制です。医療介護経済的にも持続可能な社会であるよう、在宅を中心とした仕組み作りが進められているわけです。

前項で示した認知症ケアパス概念図も、よく見ていただくと、地域包括ケアの理念のもとに作図してあることがわかります。時間の経過とともに支える資源が少しずつ変化しつつ、在宅生活を基本に、地域の様々な資源が暮らしをサポートする形になっています。

しかし、認知症の観点から見たとき、地域包括ケアを成立させることは容易なことではありません。認知症ケアの領域で有名なパーソンセンタードケアの提唱者であるトム・キットウッド博士の本によれば、「（認知症の人に対して）時間刻みや分刻みで、生活の細かいところまで観察すれば、認知症の人を傷つけるようになる多くの行為を確認できる。……認知症に関わってほとんどすぐに、わたしは人格を奪うこれらの傾向にはっきりと気づいた。わたしがこれらのエピソードにつけた名前は、『悪性の社会心理』であった。……しかし、悪性という言葉は必ずしも介護者側に悪意があることを意味しない。すなわち、介護者の仕事のほとんどはやさしさと良心から行われている。悪性はわたしたちの文化遺産の一部なのである」（前掲書「認知症のパーソンセンタードケア」）と書かれています。そして、認知症の人のケアについて、「普通の人は認知症ケアができるようにつくられていない」とも書いてあります。これは、認知症という病気がもたらす認知機能や自我機能の障害によって、周囲の人との間に無意識のうちに軋轢が生じ、悪循環を形成して、お互いを傷つけるようになっていくということです。普通の人にはできないということは、私たちはあきらめるしかないのでしょうか？　答えそのものは本には書かれていませんが、認知症という病気が持つ本質的な怖さをしっかりと学んで、認知症の人の持つ価値や本来の力に気がつく環境を作ることが必要と説いています。地域包括ケアや認知症ケアパスという構図を共有するだけではなく、認知症がもたらす悪循環や軋轢への洞察、そしてそこにはまり込まないだけの意識を持つことなくしては地域包括ケアは成り立たないことを示唆しています。

●認知症ケアと家族力・地域力

「私たちのことを、私たち抜きに決めないで！」という文章は、スコットランドの認知症ワーキンググループのことを描いたテレビ報道でも紹介された言葉です。認知症があるからと言って、その暮らしをどうするとか、どのような施策を作っていくかというときに、認知症の本人たちを抜きに決めないでほしいという意味が込められています。無意識のうちに、あるいは偏見を持って排除するのではなく、きちんと耳を傾けてほしいということでもあります。実際、話せる環境が十分でないときには、認知症の人の口から意見を聞くのは難しいようにも思えます。しかし、偏見を抜きに耳を傾ける姿勢が聞き手にあって、本人が語る環境ができると、認知症の人は堂々と意見を述べることも可能です。

一方で、認知症という病気が「自分だけで向き合うことが難しい病気」ということも現実です。初期の頃には、適切な理解と環境があれば、かなりのことに自分の意見を述べることも可能です。しかし、時間経過とともに、自分の病気に向き合うための情報収集を行い、自分がおかれた状況や選択肢を認識し、決断していくことは徐々に難しくなります。そのような中、自分らしい決断を行っていくためには、周囲の人の力が必要です。しかし先にも書いたように、認知症という病気は周囲の人との軋轢をもたらしていきます。それを乗り越えていくためには、家族などの身近な人から地域の多くの人の認識に至るまでさまざまな人の力が必要で、それが、家族力・地域力ということになります。

家族力については、協力できる家族がいること、家族同士で協力していく体制、必要な情報を集め状況判断をしていく力、精神的な安定や認知症についての理解、必要に応じて専門職なども含め家族以外の他者の助けを借りる力、経済力、ケアに必要な時間もしくはそれに相当する環境を整える力などが関係します。これらのすべてがそろっている必要はありませんが、「家族力がある」というときには、総合的にある一定の水準が望まれます。独居で身寄りもない場合や、老老世帯で介護力が弱い場合、家族に他にもアルコール依存など精神疾患を抱えている人がいる場合など、家族力として十分な力を持たない場合も少なくありません。反対にたとえ経済的に恵まれなくても、家族が協力し、状況を見極める力を持っていれば、困難を切り抜けていける場合もあります。

地域力としては、助け合う気持ち、プライバシーの保護と助け合いには相反する場合もあることについてのバランス意識、地域住民の見識、地域のリーダーシップをとっていく人の存在、地理的条件、共同体としての歴史的経験、公的機関の支援体制などが関係します。家族力が不十分な場合、地域力がそれを補うことができる場合もあるでしょうが、些細な感情的なしこりがそれを阻む場合もあるかもしれません。認知症カフェという観点から地域力というものを考えると、認知症カフェを創ることによって地域力を養っていくという目標を立てることもできるでしょうし、反対に地域力があるところに認知症カフェができていくというふうになる場合もあるでしょう。

この章の最後に、知り合いの精神科医から送られてきたメールを紹介させていただきます。高齢により医院を閉院することにしたのですが、そこで認知症カフェを運営するという相談を以前からいただいていました。そして、このメールは、ついにカフェをオープンしたという連絡です。認知症カフェを運営するということは簡単なことではないので、心配しながらメールを読み始めましたが、とてもうまくいったとの書き出しでした。祝福しつつもなぜうまくいったのか、意外な気持ちを抱きましたが、メールの後半を読んで謎が解けました。

武地先生

9月2日カフェ開きました。開けてびっくりです。当事者と家族8名、ボランティアは専門職3名、地域住民10名で計21名、狭い部屋で身動きが取れない状態でした。登録と名札作り、それぞれ当事者に書いていただきましたが、書けなかったのは1人だけでした。かなりの方は顔見知りで、おしゃべりを含めて地域の茶話会の雰囲気でした。

今後のプログラムをどういう形にしていくか課題です。会の内容を豊かにしたいと切望していますが果たせるか。

カフェそのものには参加しませんが、カフェの準備、看板作り等地域の応援団が別にあり随分助けられました。市役所の職員の協力もあり、地域との連携はかなりできていると感じます。実は自治会有志で月例の勉強会を東日本大震災の起こった翌月からはじめ現在まで続いています。そこで生まれた人間関係が大きな支えになっていることはとてもありがたいことです。

今後どのように進めるかに関してはいろいろご助言期待しています。

『けやきの家（認知症カフェ）』　野々下靖子

認知症カフェを通じて地域を創っていく場合と、地域づくりの上に認知症カフェを創る場合があることを実感しました。

おわりに

宮沢賢治の「銀河鉄道の夜」の中で主人公のジョバンニは、時空を飛び越えていく列車の中で車窓に見える不思議な光景や美しい風景、花の香りなどを感じながら、列車での一期一会の出会いともいえる様々な人々と会話を交わします。この列車に乗っている自分は切符を持っているのか、ポケットを探ってみると、切符らしいものが手に触れますが、それはどこからきて、どこに向かう切符なのだろうといぶかしく思いもします。「ああほんとうにどこまでもどこまでも僕といっしょに行くひとはないだろうか」と孤独な気持ちをのぞかせるときもあります。

記憶や認知機能の障害を抱えつつも人生を旅していく認知症の人やその家族、地域の人々との認知症カフェでの様々な交流は、時空を超える銀河鉄道の夜の旅に重なるような気がします。超高齢社会の日本で、私たちを乗せた列車はどのような方向に向かっているのでしょうか？

本書の中で、認知症カフェは「地域の中にオアシスを作るのか、地域の緑化活動をするのか」という禅問答のようなやりとりが出てきます（第1章）。認知症カフェを運営しようとする人々を衝き動かす思いや地域の課題によって、最初に取りかかるのがオアシスなのか、緑化運動なのかは異なっているかもしれません。私自身は、認知症という病気は、理解したり受けとめたりするのが難しい病気なので、まずはオアシスを作り認知症の人と家族が砂漠の旅の途中にどのように疲れを癒すのか、一緒に語らってみるのがよいだろうと思います。そこでは、涙も見られますが、笑い声も響いています。そうしてオアシスで「認知症とともに豊かに生きる姿」を目に焼きつけてから緑化運動に取り組むと、その活動の方向性を見失わずに進めるのではないかと思います。

しかし、そのようなオアシスを作り、維持するのは並大抵ではないところもあって、どこにでもあるとは言えません。そこで、本書を通じてオアシスとそれを作るための準備やオアシスから先にめざす地平を体験していただければと願って本書を書き進めました。緑化運動というと、フランスのジャン・ジオノの短編小説『木を植えた男』が思い起こされます。砂漠のような土地で、中長期的な視点と強い意志を持って1本1本木を植えていくことで、最初の数年は徒労のように見えても、いずれかぐわしい香りが漂う森が生まれる物語です。超高齢社会というと不安のほうが先立つことも多い昨今ですが、認知症カフェの活動に取り組む人々が木を植え続けることで、豊かな森ともいえる地域包括ケアが成立するのではないでしょうか。

私はちょうど1年前、長年仕事をしていた京都から愛知県に職場を移りました。5年前と3年前にはじめた京都の2つのカフェのマスター役もこれまでの仲間に引き受けてもらいました。一方、新任地では、私の前著の『認知症カフェハンドブック』を読み込んでくれて活動している多くの人々に出会いました。1冊の本を通じて、自分自身が願っていたようなカフェを目の当たりにするのは驚きでもありましたが、1冊の本の重みを感じた出来事でもありました。全国の様々な地域でカフェの活動をされている中には、目をみはるような工夫をこらし、センスを発揮されている人々もおられます。カフェという自由な枠組みがそれを支えているのだろうと思います。しかし、自由というだけでは社会の仕組みとして弱いところはあるはずで、自助、互助、共助、公助といった階層性も持った枠組みとも両立していくことが求められます。

本書を執筆するにあたっては多くの人々の助けがありました。特にオレンジカフェコモンズのコーディネーター役を主に担ってくれている社会福祉士の青木景子さんは、カフェを切り盛りするとともに本書に記載した具体的な声を私に届けてくれました。カフェの常連として、様々な人生経験や認知症とともに生きる姿を教えてもらった認知症の人やその家族にも深く感謝しています。まさにスタッフの先生役だったということもできると思っています。そして、NPO法人オレンジコモンズでともにカフェを運営してきた理事・事務局、そして、ボランティアスタッフ一人ひとりにも、それぞれの得意分野や力量を発揮して支えになってもらいました。本書に実践報告を寄せていただいた由布、恵那、宇治の皆さま、オレンジカフェ上京の活動をともにしてきたメンバーや京都認知症カフェ連絡会の世話人・事務局・会員の方々、また、オレンジカフェコモンズの活動に理解を示し、本書の骨子ともなったOJT研修を支援していただいた京都地域包括ケア推進機構の皆さま、また、ＯＪＴ研修に参加し、レポートを寄せてくれた研修受講者の皆さまにもこの場を借りてお礼を申し上げます。また、表紙の写真を提供してくれた写真家のコスガ聡一さん、その撮影に快く応じていただいた宇都宮のオレンジサロン石蔵カフェの皆さまにも深く感謝しています。コスガさんは、全国認知症カフェ on the Web という形で国内の認知症カフェの状況をネット上でリアルタイムに発信されてもいます。本書の執筆機会を与えていただき、複雑な内容をまとめていく支えとなっていただいたミネルヴァ書房の林志保さんにも厚く御礼を申し上げます。本書で記載した内容は、単に認知症カフェでの学びになるというだけでなく、認知症ケアそのものを振り返ること、家族教室や認知症サポーターの育成、もの忘れ外来での支援、認知症初期集中支援チームや認知症ケアチームなどの活動にも生かしていただけるのではないかと考えています。その意味では、長年、もの忘れ外来や認知症啓発活動などを通じて、認知症という病気の理解を論じてきた多くの同僚や仲間に負うところも少なくありません。もし、本書が多くの人の役に立つものになれば、喜びを分かち合いたいと思います。常によき理解者である家族にも深く感謝しています。

２０１７年３月　まもなく桜の開花が訪れるのを楽しみにして

武地　一

《著者紹介》

武地　一（たけち・はじめ）

1961年生まれ。京都大学医学部卒業。福井赤十字病院、京都大学大学院、大阪バイオサイエンス研究所、ドイツ・ザール大学生理学研究所などで臨床・研究を行い、1999年、京都大学医学部附属病院に物忘れ外来を開設。認知症を中心に高齢者医療、地域連携、介護者支援などに取り組んできた。日本認知症学会および日本老年医学会の代議員・専門医・指導医。日本内科学会総合内科専門医。京都大学大学院医学研究科加齢医学講師・臨床神経学講師を経て、2016年４月より藤田保健衛生大学医学部認知症・高齢診療科教授。京都認知症カフェ連絡会代表世話人、NPO 法人オレンジコモンズ理事長。2016年度日本認知症ケア学会・読売認知症ケア賞（奨励賞）受賞。近著に『認知症カフェハンドブック』（クリエイツかもがわ、2015年）がある。

ようこそ、認知症カフェへ
――未来をつくる地域包括ケアのかたち――

2017年５月15日　初版第１刷発行　〈検印省略〉
2018年９月20日　初版第２刷発行

定価はカバーに
表示しています

著　者　武　地　　一
発行者　杉　田　啓　三
印刷者　藤　森　英　夫

発行所　株式会社　ミネルヴァ書房
607-8494　京都市山科区日ノ岡堤谷町１
電話代表（075）581-5191
振替口座　01020-0-8076

亜細亜印刷

ISBN 978-4-623-08025-0
Printed in Japan